知的生きかた文庫

やすらぎ子育てアドバイス

佐々木正美

三笠書房

はじめに……「意欲的な子」「思いやりのある子」はこうして育つ！ ――〝子育て〟をむずかしく考えていませんか？

この本を手にとられたのは、すでにお母さん、お父さんになっている方、これからお母さん、お父さんになる方、その他、保育園や幼稚園、学校などで、子どもの養育や教育に当たられている方もいらっしゃることと思います。

子どもを育てることは、次世代の生命《いのち》を育む意義深い、価値のある営みです。

しかし、最近は少子化の話題が新聞をにぎわせ、また犯罪の低年齢化、幼児虐待など悲しいニュースが報道され、子育てや子どもの教育に不安を抱える親御さんが増えているようです。

また、現代は核家族化が進み、子育ての悩みを相談する相手も少ない一方で、しつけや早期教育に関する情報は飛び交っています。そのような状況の中、「少しでも早くしつけを、教育を」とあせるお母さんが増えているように感じます。

私は、三十年以上にわたる児童臨床の経験から、人を育てることの本質は「待つ」ことだと思っています。

子どもにかぎらず、人間は必ず〝よいほうへ〟向かおうとするものです。ちょっとしたケガも、ばい菌がつかないように消毒しておけば自然となおります。風邪をひいても、温かくしていれば薬を使わなくてもなおったりするのです。

「子どもが言うことを聞かない」「友達とうまく遊べない」「しつけはどうしたらいいのか」「子どもの才能はどうすれば見つかるのか」……など、子育てをめぐる悩みはつきないでしょう。

しかし、お母さん、お父さんがゆったりとした気持ち、温かいまなざしで子どもを見守ってあげれば、そして子どもを信頼してあげれば、子どもは必ず「よくなるほうへいこう、成長しよう」と思うものです。そして意欲や自発性、自立心、そして思いやりも育っていくのです。

ですから、どうぞ「やすらぎの心」を持って、子どもの気持ちに寄り添いながら、子育てを楽しんでほしいと思います。

この本が、子育てに奮闘するお母さん、お父さんの励ましとなり、子ども達が両親の大きな愛に包まれることを祈っています。

佐々木正美

もくじ

第1章　「じっくり待つ」。だから子どもはまっすぐ育ちます
――子どもを心から信頼してますか？　愛が伝わってますか？

第2章 しつけが簡単な子、しつけが大変な子
――「厳しく叱る」より「温かく励ます」親になる

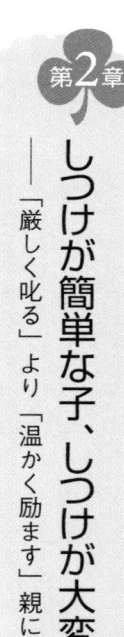

第3章

〝友達とよく遊ぶ子〟ほど頑張り屋に育つ

――子どもは一人で育つのではなく「仲間と育ち合う」のです

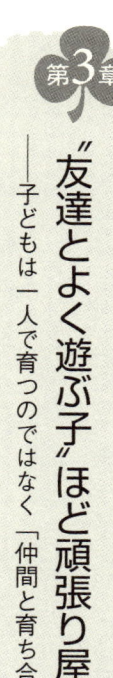

第4章

子育ては「親育て」なのです

——誰もが〝悩みながら〟親になっていきます

第5章

親も子も「幸せな人生」をおくるために
――親の〝後ろ姿〟、子どもはちゃんと見ています

編集協力　子育て協会所長　杉浦正明
本文イラストレーション　まつもときなこ

第1章

「じっくり待つ」。だから子どもはまっすぐ育ちます

――子どもを心から信頼してますか？　愛が伝わってますか？

「こうしなさい」より「こうできるといいね」

私は、児童精神科医として、今までにたくさんの子ども達やお母さん、そしてお父さんに会ってきました。その経験から、一番言えること。それは子育てで大切なことは、何よりも子どもの心に「人を信じる力」「自分を信じる力」を育ててあげることだと思います。

これを、自我の発達やアイデンティティの問題を研究したアメリカの著名な精神分析家、エリクソンは「基本的信頼感」（ベーシック・トラスト）と名づけ、この言葉が広まりました。

子どもは、自分の「ありのまま」を全面的に受け入れてもらうことで、その相手を信じられるようになります。そして信頼されているという実感と経験があるからこそ、自分を信じる力も育っていくのです。

子どもが健全に育っていくには、まずこの信頼感が「心の土台」として育っていなくてはなりません。

私は「そのままでいいがな」という言葉が好きです。

書家で詩人の相田みつをさんの言葉ですが、親が子どもに基本的信頼感を確立させてあげるための心がまえを言い表わしていると感じます。

「そのままでいい」とは、子どもへの最高の愛情表現であり、無条件の承認です。「それはこうしなくちゃね、こうできるといいね」と子どもに言いながら、「それでも、そうしなくても、できなくてもいいよ」と受け入れてあげるのです。

こんな豊かな愛情が与えられれば、子どもは必ず生まれ持った資質を豊かに開花させることができるはずです。

「そのままでいい」というのは、拒否や束縛につながる「こうならなくてはいけません」とは、大きく違うのです。

こんなわがままは「ぼくのこと好きでしょ」のサイン

「こうなってほしい」と子どもに要求するのではなく、あるがままの子どもを受け入れてください。特に乳児期から幼児期のごく早期までは、子どもの言うことをそのまま聞いてあげるといいのです。

子どもは小さい時ほど、あれこれ親に要求しているように見えても、決して無理難題は言っていません。

「おんぶをして」とか「一緒に寝て」と言うのは「ぼくのことを好きでしょ」と確認したいのです。ですから、そうしたお願いを聞いてあげることで子どもを安心させてあげてください。小さい時ほど、何でも言うことを聞いてやってほしいのです。

児童学研究の権威である平井信義先生は、著書の中で「しつけ無用論」を提唱していらっしゃいますが、あれは「子どもの言うことをそのまま聞いてあげるといいんだ」という表現の裏返しだと思います。

子どものありのままを受け入れて育てていれば、自然の摂理に従って、子どもはきちんと自立していくと確信しているのだと思います。

私も同じように考えています。子どもの要求を可能な限り、そのままストレートに受け入れてあげれば、その後の成長過程で問題も起きませんし、ラクなのです。

自分の願いが満たされないという不足が生じれば生じるほど、子どもは親に対する不信感を募らせていきます。そして、自分に対する自信のなさから、その分だけ屈折した要求をつきつけてくるので、受け入れ方もむずかしくなってくるのです。

大きくなるほど、単純に受け入れられないような要求をする子どもが多くいます。「○○を買え」など、無理難題を要求して親を困らせるのです。

ですから、子どもの要求を受け入れてあげるのは、子どもが小さいうちほどいいと提言しているわけです。

「子どもの要求を受け入れていると、どんどんエスカレートして、わがままに育つのではないか」と思っているお母さんやお父さんがいますが、そのようなことは決してありません。

子どもは自分がお母さん、お父さんに受け入れられているとわかると、満足して、あまり無茶な要求はしないものなのです。

親の「話し方」ひとつで子どもは深く傷つく、元気になる！

ところが、私達親は「子どもを受け入れている、愛している」と言いながら、実は親自身の期待や不安、自己愛を押しつけていることがあります。

もちろん、親が子どもを心配する気持ちはわかります。

しかし、あれこれ注意しすぎる親には、「子どもを信じられないから、心配している」心理が隠されており、親に自覚はなくとも子どもは敏感にそれを感じ取ります。

「こんなことじゃダメだよ、ああしなきゃダメだよ」と言われると、子どもは親から受け入れられていないと感じ、やすらげません。

「子どものためを思って心配している」という親の気持ちは、「あなたを信じていない」というメッセージとして子どもに伝わるのです。

また、「自分の考え方、育て方は間違っていないんだ」「こう育てるといい子になるんだ」と思っていることが、実は「自分の望むとおりの子どもになってほしい」という、親の一方的な期待・願望・都合からきていることがあります。

これは「子どもへの愛」ではなく、「親の自己愛」なのです。

このような場合、子どもは親に愛されているとは感じられません。

全く愛されていないとは思わないでしょうが、「親の望むような自分でなければ、愛されないんだ」と愛され方に不足を感じるわけです。

なぜ〝子どもの心〟が見えなくなるのか

　また、自閉症の研究で有名なアメリカの児童精神科医レオ・カナーは「親の子どもへの過剰期待は、それが子どもの将来を案じての愛情、思いやりのつもりであっても、子どもに伝わるメッセージの本質は『拒否』だ」と書いています。

　私は、カナーに教えを受けた恩師から「子どもの精神保健、教育にたずさわる者の基本」として、この考え方を教わりました。

　過剰期待とは「現状のあなたに満足しない」ということであり、「満足しない」という部分のみが子どもに伝わりやすいのです。

　子どもは、「信じられていない、愛されていない、受け入れられていない、拒否されている」と感じると、親や大人に信頼を寄せられないばかりか、自分をも信じられなくなります。

「信じられていない自分」のことを、自分でも信じられないのです。

　だからこそ、親は子どもの「ありのまま」を受け入れてあげることが何よりも大切なのです。

"十分に甘えてきた子"ほど「我慢する心」が育っている

子どもの心に基本的信頼感が育っていないと、次の段階、つまり幼児期のしつけの中で確立していく自律心――自分で物事を決めていく力――や、自分の感情や衝動を抑制する力を子どもの心に育てるのが、より困難になります。

首が据わらなければ寝返りが打てないように、基本的信頼感が育たなければ、子どもは自信を持って自律的な行動をとることはできません。だから、しつけようとしてもしつけられない、というようなことが起きるのです。

親に「ありのまま」の自分を信じてもらうことで、自信を持っていく――それが子どもがその先、自律性、社会性を身につけていく時の原動力、基盤になるのです。

建物でたとえると、こうした信頼感や安心感は基礎工事にあたります。土台のコンクリート打ちです。

土台が不安定で生乾きのうちに柱を立てよう、床を張ろうとしても無理なのです。

ところが、そうした無理を親は子育ての中でしばしばしてしまうのです。

また、基本的信頼感は、実は親以外の人を次々に信じていく力になり、友達を作る原動力にもなっていくのです。

さらに、基本的信頼感が育っている子どもは、自分の過ちを叱る人をも信じられます。それが「しつけやすいかどうか」の決定的な分かれ目にもなるわけです。

基本的信頼感が育っていない子どもは、自分が過ちを犯したにも関わらず、それを叱った人を逆恨みしたり、拒否したりしてしまいます。

そして、そうすることが実は自分自身を否定することになるので、ささいなことで自暴自棄になったり落ち込んだりしてしまう子になるのです。極端なケースでは、自傷行動、自殺未遂をすることもあります。

このような現代の若者の姿を見ていると、「人を信じる力」と「自分を信じる力」というものがセットになっていることがよくわかります。

わが子の将来を左右することになるのですから、「人を信じる力」を育てることは、まさに子育ての中核とも言えるのです。

〝三歳までが大事〟の本当の意味

人を信じ、自分を信じる力を育てるには三歳までが大事だと言う人もいれば、九歳までだという考え方もあります。

たとえば外国語を話す力について考えてみてください。確かに個人差はありますが、かなり遅くから始めてもネイティブの人と区別がつかないほど上手に話せるようになる人もいれば、「外国人の外国語」で終わる人もいます。

自分の経験では、高等学校を卒業して何年もしてから、英語を話したり聞いたりする必要が出てきました。何年やっても不自然で不完全な英語だと思います。もっと早い時期から英語を使っていれば、流暢《りゅうちょう》な英語が話せたろうとも思います。しかし、必要な用は、十分に足りています。外国へ行って講義をすることもできます。

わかりやすくたとえるために私の例を出しましたが、「何歳までに基本的信頼感が育てられなかった子はダメ」というのは言い過ぎで、いくつから始めても、ある程度の補いはつくと思うのです。

しかし、早ければ早いほど、身につきやすいと思います。

絶対音感もよい例でしょう。私の家族は私以外は皆、楽器を習っています。妻は音楽大学を卒業していますが、音楽に関心を持ち始めたのはかなり遅いほうだったそうです。

そして、子ども達は音楽に関心を持つ以前から妻がピアノを弾いて聴かせていたので、誰一人音大へ行っていないのに、皆、絶対音感があります。母親はピアノは子どもより上手ですが、絶対音感はないわけです。

ですから、小さい時ほど身につきやすいこともあることは確かです。

何があっても〝たくましく対応できる子〟

基本的信頼感が育っている子どもは、過ちを犯した時に人から注意されたり叱られたりしても、ひどく傷つかずにすみます。つまり劣等感を大きくしないですむということです。また、相手の善意を感じられるので、相手を逆恨みしないですみます。

人を信じる力、自分を信じる力とは、そういうところにも出てくるのです。

初対面の人に出会うと、誰しもある種の警戒心を抱きますが、同時に親しみや、やすらぎも感じるものです。その時、「警戒や不安」より「やすらぎや信頼感」のほうが大きい子どもは、友達に会おうが、学校へ入ろうが、転校しようが、担任が替わろうが、どんなことがあろうと、たくましく対応できます。

また、祖父母とよく遊んで育った子どもは、基本的信頼感が育っていることが多いと思います。

近所づきあいや親戚づきあいが多かった時代には、親同士が親しかったお向かいのおじさん、おばさんが子どもに基本的信頼感を呼び覚ましてくれるような対応をしてくれました。

そういった蓄積が現代っ子にないのは残念なことです。

加えて、親自身も基本的信頼感が弱くなっている世代になりつつあります。ですから、近所の人に対してある種の気兼ねや警戒心、不安、わずらわしさがあって、深入りをしません。

基本的信頼感が弱くなった現代の子育て環境は、基礎工事に手抜きのある不完全な建物のような脆《もろ》さを感じます。

こんな〝手抜きの子育て〟は後でツケがくる

子どもの感情を満足させ、安定させるには、「親の期待するような子ども」を望むのではなく、親自身が「子どもが期待する親」になることです。別の言い方をすると、「子どもを自分の思い通りにさせること」に喜びを感じるのではなく、日頃から子どもが喜ぶ親でいてあげたいという心がけで育児をすることです。

わが家では、「親が生きているうちに親を喜ばせようなどとしないほうがいい」と教えています。もちろん、親としては喜ばせてほしいのですが、それは子どもには言いません。だからといって子どもは勝手気ままにやりたい放題をするかというと、反対です。

もちろん、子どもに期待してしまう感情をゼロにはできませんが、特に赤ちゃんの時や子どもがよちよち歩きの時にはできるだけ子どもと向き合って、話を聞いてあげることです。相手の言いたいことを「聞き届けて」あげることです。

特に「親にしかできないこと」「他人では替わってやれないこと」は聞き届けてあ

げてください。

「抱っこ」と言えば抱っこを、「おんぶ」と言えばおんぶを、「もう少し水遊びをしていたい」と言えば、やらせてあげる、「ハンバーグが食べたい」と言えば、作ってあげる。

こういう類のことを一〇〇パーセントは無理でも、できるだけ聞いてあげてほしいのです。

そのようにして基本的信頼感がしっかりできれば、子どもは健全な自我や社会性を身につけていきます。

先ほど、信頼感を「建物の土台」にたとえました。建物の基礎工事をする時には、採算に見合った工事をしますから、親にも同じように自分の「採算」のようなものがあるでしょう。しかし、その中で可能な限り手抜きをしない、しようとしない姿勢が大切です。

一〇〇パーセント完璧な育児を目指す必要はありません。いつも不足を残したままの親子関係が普通なのです。完璧、完全ではなく、「できる限り」でいいのです。

実際に、一〇〇パーセントの愛情を全てかけてあげられる親などいません。一生懸命に努力しても、一〇〇パーセント子どもが望む親になることなど不可能です。

しかし、どうしたら不十分さを小さくできるかを絶えず考えることは大切です。乳児期にうまくできなかったら幼児期に、幼児期の前半に不十分だったら幼児期の後半まで引き続きやる。

そうした心がけは持ち続けていただきたいと思います。

"お母さんの手料理"は「心の栄養」にもなる

基本的信頼感が十分に育っていない場合に、学齢期に入った子どもに対して親ができることとしては、私は食事の献立を工夫するのが一番いいと思います。子どもが望んでいるメニューや食材を反映させた献立作りをするのです。

私達が子どもだった戦中戦後の頃は、親が精魂込めて最大限の努力をしても、おなかいっぱい食べさせることもむずかしい時代でした。

そういう時代は、親が子どものために食事を作ってやったというだけでも、子どもの期待に応えるのに十分でした。

しかし、今はいろいろな食材が実に簡単に手に入り、調理も手軽にできる時代なのに、親は食卓を軽んじているようです。

贅沢をする必要はありませんが、みんなが喜ぶような食卓にする。子どもが「ぼくがこれを好きだから、お母さんがこういうふうにしてくれたんだな」と思えるようなテーブルを用意することが大切なのです。

また、子どもが出かける時には「いってらっしゃい」と声をかけてあげよう、子どもが帰ってきたら玄関まで迎えに出て「おかえり」と言ってあげよう、子どもが帰ってくるから自分も早く帰ろう、という心がけも大切です。

ただし、働いているお母さんは子どもを「おかえりなさい」と出迎えることができないからといって、基本的信頼感が不足するとは思わないでください。

その不足分を何かで補えないかを考えてみましょう。たとえば仕事から帰ってきた時に「会いたかったわよ」という気持ちを伝えていくことでも、基本的信頼感は蓄積されていきます。

愛情をかけてあげることは私達の勉強のようなもので、どんなにやっても不十分ですが、やればやっただけ違ってきます。このことを覚えておいてください。

基本的信頼感をつくる3つの工夫
子どもが喜ぶ親になる
オンギャ オンギャ
泣いたらすぐそばに来てね
思いっきり甘えさせてね
あのネ、きょうちぇんちぇいがね
私のおしゃべりをじっくり聞いてね
子どもの望む食事をつくる
あっ！ぼくの好きなハンバーグだ～
トマトスープも好きだよね
いつも明るく声掛けする
行ってらっしゃ～い
お帰り！
遅かったね
ギュッ

下の子に「手」がかかる時こそ、上の子に「心」をかけて

子どもが何人かいる場合は、手がかかって、なかなか一人ひとりの希望を聞いているわけにはいかないと思っているお母さんもいます。

また、「どの子どもにも平等というわけにはいかない。どうしても小さい子のほうに手がかかり、他の子は、つい我慢させてしまう」といった相談を受けることもあります。

しかし、私自身の子どもとの関わりや、私の妻と子どもとの関わりを見ても、「みんなおいで」ということは、できるのです。ただ、していないだけなのです。つい大変だと思ってしまうのですが、そんなに大変なことではないのです。

ちょっと気持ちを切り替えてみたら「みんなおいでよ」ができるのです。小さい子がむずかっていて抱っこしなければならない時に上の子が「ぼくも」と言ってきたら、「そうなの、じゃママの洋服のここのところを触って、持ってて」と言うことができるのです。

上の子に対しても、下の子に対しても「みんなおいで」と言ってください。絶対大丈夫です。

「あなたはお兄ちゃんだから、お姉ちゃんだから、我慢して」ではなくて「おいで、おいで」と言ってあげてください。すると子どもは「ぼくお兄さんだからいいよ」と言えるのです。

「あなたは大きくなったのに、いつまでも何言っているのよ」と親が言うから、むしろ子どもは不足を感じてむずかしいことを要求するようになるのです。

子どもはいつも「親の気持ち」を問うているのです。「みんなおいで、こうしてつかまっていていいわよ」と言えば、子どもは安心して「ぼくはお兄さんだから平気だよ」と言えるのです。

少し視点を変えるだけでいいのです。

たとえば「じゃあ、こっちのおっぱいはお兄ちゃんに」とか、「今おむつを替えている間、お姉ちゃんはこっちの膝の上に座ってて」とやり方はいくらでもあります。それなのに、「お母さんは今忙しいから、あっちへ行ってて」と言うから、子どもは寂しくなるのです。

わが家の子ども達も「こちらのおっぱいが赤ちゃんで、こちらのおっぱいはお兄ちゃんのよ」と言うと、「ぼくいらない。ぼくのおっぱい、赤ちゃんにあげるよ」と言っていました。

そうしたら、「そうか、お兄ちゃんがそう言ったから赤ちゃんにあげましょう」と言えばいいのです。そういう受け入れ方が基本的信頼感を育てることになるのです。こういった子どもの希望を聞き届けてあげる育児をしましょうと言うと、いつまでも甘えん坊で自律心が育たないのではないか、小さいうちから我慢する心を育てなければいけないのではないかと心配される方も多いのですが、私は心配いらないと断言できます。

かえって、このように育てないと、我慢する力も自律心も育たないのです。

❁ 上手に″親離れ″させるために

私は、今、岡山にある川崎医療福祉大学に勤めていますが、驚いていることがあります。自転車置き場にきちんと自転車を置くことが守れない学生がいるのです。彼らは自転車をどこにでも置いてしまいます。

また、授業中に私語をしないというルールが守れません。授業中に携帯電話のスイッチを切っておくこともできないのです。

こんなささいなことができない学生は、大事にされすぎて甘ったれになったのかというと、全く違うのです。全く逆なのです。

こういう学生ほど、自尊心が足りません。誇りを持てないので、プライドもありません。こんなルールすら守れない自分はダメだと思えないのです。

神奈川県にある児童養護施設の指導員をしているFさんという親しい友人がいます。彼に私が編集する雑誌に寄稿してもらったのですが、大変すばらしいことを書いてくれました。

「施設の子ども達を本当に自律させるには、子ども達一人ひとりを思いっきりえこひいきしてあげること」だと言うのです。

施設の子どもは、本当の意味で「えこひいき」をされたことがないのです。だから自律心が弱かったり、規則を守れないことがある。

施設の中ではいつも集団で行動しているわけでなく、マンツーマンで対応できる機会があります。そのチャンスにどう「えこひいき」してあげるか。

「えこひいき」に語弊があると感じられるのであれば、「過保護にする」という表現をすべきかもしれません。

とにかく、「自分は大切にされて育った」という経験や感情を抜きにしては、自尊の感情や自律心を育てられないのです。

いじめる子、いじめを止める子

わが子に自己肯定感が育っているのかどうかは、心を無にして子どもの姿を見ていれば、わかります。ただ、こちらの「こうあってほしい」という期待が先にあるから、本当の子どもの心が見えなくなってしまうのです。

親が自分の期待という色眼鏡をかけて子どもを見るものですから、これをできるのがいい子、あれをやらないのがいい子など、それだけの基準で見ているのですね。

子どもの欲求のほうを聞き届けてあげたいという気持ちで育てていれば、その子がいかに満ち足りて、生き生き行動しているか、生き生き輝いているかが見えるはずなのです。

また、基本的信頼感が育っているかどうかを見極めるには、間違いを注意した時に、子どもがどんな態度を取るかを見ればいいのです。

基本的信頼感が育っていない子どもは、注意した人を逆恨みしたり攻撃的な態度を示したりしてしまう。もしくは、ひどく自分を傷つけてしまいます。これは「他者に対する攻撃」と「自分に対する攻撃」とも言えます。

同様にいじめをする子ども達というのは、まさに基本的信頼感が欠けていると見なせます。

大阪市立大学教授だった森田洋司さんが行なった調査で明らかになったことですが、いじめる子はもちろん、いじめを見物し、はやし立てるタイプの子どもも、決定的に親子関係がよくありません。

「いじめがあった時にどういう態度を取りますか」という質問に、子ども達は「知らん顔をする、関わりを持たない、何とかなくそうと努力する、先生に言う、いじめられている子を守ろうとする、いじめている子どもを注意しようとする」など、いろいろな答えを書きます。

しかし、いじめをはやし立ててエスカレートさせている子ども達は一様に「自分と親との関係は悪い」とはっきりアンケートに答えているのです。

いじめをなくそうとするタイプの子どもは、二五パーセントいます。この子ども達の親子関係をアンケートで調べてみると、「自分と親との関係は非常にいい」という子どもがほとんどです。

親子関係のよさを子ども自身が認識しているのです。一方、いじめをはやし立てている子どもは、自分は親との関係が悪く、親に対してムカついていると答える生徒がほとんどです。

日常の何気ないおしゃべりから「子どもの心」を読む

思春期を迎えると悪質ないじめが起きたりと、親の悩みの質も変わってくるようです。子ども達の要求も、本を読んでとか、カレーライスを作ってなどという要求とは相当違ってきます。

年齢が高くなればそれだけ大変ではありますが、十代半ばからでも親子の信頼関係を築き直すことはできると私は思っています。

とりかかりやすいのは長年の経験から言って、先にも書きましたが、やはり「食事」を大切にすることです。それから、何でもないようですが、「いってらっしゃい」「おかえり」という言葉です。

自分の子どものことで恐縮ですが、わが家の子ども達は実に何もほしがりません。洋服など、私のおさがりを着ている子もいます。いつも目標、やりたいことがあるので、そのことで心が満たされているのでしょう。逆に何をやっていいかわからず、「自分を見失った状態」にある子どもほど、大人の目に問題と映る行動を通してSOSを送るのです。

今これを読んでいるお母さん達の中に、もしかしたら子どもを育て損なったなあと後悔している人もたくさんいるかもしれません。

でも、決して遅くはありません。今からでも、ひたすら子どもの話を聞いてあげることです。それは深刻な話である必要はありません。日常の何気ないおしゃべりでいいのです。

〝相づち〟を打ってあげるだけで子どもは心を開く

たとえば援助交際をする少女がいます。私も何人かの少女に会ったことがありますが、最初はただただ相手の言うことを聞くのです。特に相手が得意であって、こちらが知らないことを話題にします。

たとえば、若者に人気のあるミュージシャンのコンサートやファッションなどの話題だと、私はあまり知りませんから、相づちを打って聞いているだけしかできません。しかし、それを真剣に聞いてあげることが大切です。そうなんだ、こうなんだ、と一生懸命に、興味を持って聞くのです。

それが五回も十回も続くと、ある時必ず、彼女達は「先生、私のことどう思う？　私のやっていること知っているんでしょ」と意見を求めてきます。それまでは、こちらからは決して意見しません。聞かれてはじめて「知っていますよ。だから、こうしてあなたに来てもらっているのですよ」と答えます。

そして、この時は遠慮しません。ピシッと言ってあげるのです。「こんなことを言

相手のふところに入る
大人でも、なにか注意されて、ムカッとくることがあります
ホコリたまってるわね
ムッ
でも、同じ言葉なのに違う人なら……
そうなの。掃除してくれる？
なんでやねん！
その差は…
カモ〜ン
相手が好きか、心をゆるしているか…でしょうか
もし子どもが心をゆるしてくれていなかったら…
相手のふところにとびこんでみよう
あっ
一郎、学生服って首がこるやろう
まあな……
お父さんも一年の時そうやったんや……
どれどれ
キッカケをさがそう！

ったら傷つくかな」と心配するうちは、まだ本当の関係になっていません。

そういう手心を加えたような、へっぴりごしでものを言ってはダメだということを、こういう若者達に教えられました。向こうが心を開いてきた時は、こっちが思っていることをありのままにしっかり伝えてあげるのです。その時、彼女達はこの人なら言われてもいい、むしろ言われてみたいという気持ちになっているような気がします。それは私と彼女達との間に信頼感が生まれたからだと思います。

人は、信頼していない相手からは、何も言われたくないと思っているわけです。だから、そういう関係になる前に意見を言ったら、二度と来なくなります。そして来ているうちは絶対によくなると私は思っています。まずは「聞いてあげる」ことです。

話を聞いてあげる、日常的なことで望んでいることを聞き届けてあげるといった「ささいなこと」の積み重ねが、子どもが育っていく上で一番価値が大きいことだと思います。

しかし、たとえば高価なものを買ってほしいとねだった時など、子どもの要求に応えられない場合があります。その時は「そんな法外なものは買ってあげられない」ことを一生懸命に伝えるのです。その代わり、他の言い分や話をよく聞いてください。

親が子どもの話をきちんと聞くことができないのなら、カウンセラーなど専門家に頼んでもいいでしょう。

「お父さんの出番」はこんな時

日本の親、特に父親は子どもが思春期になった時にコミュニケーションをとるのがへただとよく言われますが、元々へたというより、それまで子どもとあまり関わってこなかったから、どうしたらいいのかわからないということが大きいのです。

幼稚園、保育園時代は、園の行事などで親の出番が結構ありますね。ところが小学校に入ると、父親の出番が小なくなってきます。

でもお父さん達も授業参観にどんどん出席したらいいのです。私は子どもの参観日にはよく行ったものですが、男は私が一人ということも多かったものです。

学童期の六年間に空白があって、中学生になっていきなり「お父さん、出番ですよ」と言われても、入っていけない人が多いでしょう。

お母さんは食事や日頃のこまごましたことでつながりを持ちやすいのですが、お父さんはつながりを持ちにくいものです。お父さんが子どもとつながりを持つためには、一緒にスポーツをしたり、旅行に行ったりといろいろな方法があると思いますので、工夫してみてください。

「子どもの望むような親」になってあげようと努力していると、その結果として、「親の望むような子ども」になってくれる――これが子育ての秘訣です。もちろん、ピアノが上手になるかとか、勉強がよくできる子どもになるかなどは、わかりません。

しかし、親が子どもの望むことをしていると、子どもは親が望むような「人格」を作っていくのです。

「子どもの望むような親」になる努力はお母さんのほうがやりやすいでしょう。一方、お父さんは、日頃こまごましたことができないだけに、何か大きなことがあった時、たとえば、学校から呼び出しがあったような時に行ってあげるといいのです。行くだけで、とても大きな効果があります。

口にはできるだけ出さず、行動に出すのが一番効果的です。できる範囲の行動でいいのですが、その努力すらしていない人が多いのです。

"甘えられない子ども"の心の内

一般に、親は「自分の望むような子どもに育ってほしい」という気持ちのほうが強いので、「子どもが望むような親になる」のは、なかなかむずかしいことではありません。

でも、今までできていなかったからといって、母親失格、父親失格と思う必要は全くありません。昨日より今日、今日より明日、よくなっていればいいのです。人間は希望があれば生きられます。どんなに過去がよくても今に失望していたり、明日に希望が持てなければ生きられません。

「昨日より今日がよければいい」という気持ちでいればいいのです。昨日より今日、今日より明日のほうがいいかもしれないと思うだけで、子どもは希望を持って生きられます。

どうか気楽な気持ちを大切にしていてください。人間は永久に未完成です。どんな親であっても、「あの時こうすればよかった」と後悔することはあるものです。

しかし、必ずやり直しがきくということを忘れないでください。

今、どうしていいかわからない人は、過去の失敗にとらわれています。そして将来に不安を抱きます。ところが、過去にどんなことがあろうと、「今、やること」がわかると、「過去の失敗」が苦にならなくなり、将来の不安もなくなります。

だから、人間は「今、やること」がわかるということが、とても大切だと思います。人間にとって一番つらいのは、「今、やること」がわからない時です。「今、やること」がわかれば希望が持てるのです。

また、子どもが甘えん坊で困るといった相談を受けることがありますが、子どもが親に甘えているとは、まさに希望であるわけです。逆に甘えられない子どもは不安があるのです。

たとえば吃音《きつおん》の子どもは、不安ではなくて希望なのです。彼らは言葉を見つけるのが追いつかないほど頭の中が成熟していたり、頭の中にアイディアがいっぱいありすぎて、口が追いつかないからどもるわけです。

だから、希望なのです。それを親が言い直させたり、あれこれやると、いっそうどもってしまうようになりがちです。

だから子どもの不適応行動、異常行動などの何らかのサインは、親に希望を与えてくれる糸口だと思っていいのではないでしょうか。それによって「今、やること」がわかるからです。

"スキンシップ"を求めるのは"親の愛情不足"のサイン!?

子どもの心に基本的信頼感を育てるには、親が育児を肯定的に思っている必要があります。「自分の人生にとって回り道」「ムダな苦労をしている」「自分のやりたいことがやれない」といったイライラした親の気持ちを、子どもは敏感に察します。そして、子どもの中に否定的な感情が植えつけられてしまうのです。

幼稚園や保育園の先生が、「この子は愛情が少し不足しているなあ」と感じる子どもがいます。ベタベタ甘えてきたり、先生の体ばかり触ったり、友達をすぐにたたいたりする子ども達です。

これらの子ども達は親の愛情が不足している場合がありますが、そのことを園の先生が親に言えないケースが最近非常に増えているようです。親に言うと、かえってその子どもが親に叱られたりたたかれたりするので、先生が親に伝えられないのです。

私は東京のK市の保育園を二十三年間、訪問していましたが、実際に二十年前と今では、親が大きく様変わりをしました。子どもの気になる点を親に伝えると、「子どもによって親の面目をつぶされた」と感じる親が増えてきたのです。そして、子どもによけいにひどい仕打ちをするのです。これはK市に限らず、全国でこうした傾向が見られます。

こういう場合、園の先生たちは親と子どもを両方セットで受け入れなければなりません。保育する側も意識改革をする必要があると伝えるために、私はずいぶん努力してきました。

子育てにも「原因と結果の法則」がある

以前、財団法人日本青少年研究所から、日本、中国、韓国の現役の高校生千名にアンケートを取った結果が発表されました。

その中に、「あなたの両親が高齢になって自分で生きていくことができなくなったと想像してください。あなたは自分の両親にどんなことがあっても支援しよう、面倒を見ようと思いますか」という質問がありました。

結果は中国の高校生の九八パーセントは「支援する」でした。ほとんどの人がイエスという結果です。韓国の高校生は七九パーセントと、ほぼ五人に四人がイエスでした。日本の高校生はイエスが六四パーセント、三四パーセントがノーでした。

「あなたは自分の両親を尊敬できますか？」という質問もありました。

非常に尊敬する、まあまあできる、どちらとも言えない、全く尊敬できない、というような選択肢でなく、尊敬できるかどうかという二者択一なので、かなり迷うかもしれません。

しかし、中国の高校生の九七パーセントが「尊敬する」のイエスと答えました。韓国は八〇パーセントを超える人がイエスで、日本は六一パーセントだけです。そして三八パーセントの高校生は「尊敬できない」と答えています。

そういう現実を大人は知らなければなりません。それくらい、今は親子関係に信頼感が失われているのですね。

これは幼児期からの親の愛情のかけ方が、子どもが望むようなかけ方ではなかったことが一因にあると思います。言い換えれば、「親が望むような子ども」にしようとする育児をしてきた結果とも言えるでしょう。

何度も繰り返しますが、子どもに一方的な親の期待を押しつけることは「百害あって一利なし」です。子どもの望むことを「聞き届けて」あげる親になれるよう、ほんのちょっと努力してみましょう。

第2章

しつけが簡単な子、しつけが大変な子

――「厳しく叱る」より「温かく励ます」親になる

しつけには「二つの視点」がある

1章で基本的信頼感が育っていないとしつけができないと書きました。

子どもが二歳、三歳と大きくなるにつれて、大人は少しずつ、しつけをしていくわけですが、しつけとは、極端な言い方をすれば、禁止と強制です。こうしてはいけませんという禁止、こうしなさいという強制、しつけには、この二つの視点があります。

乳児から幼児期のはじめに子どもの望むことを、望み通りに満たしてあげる体験とは全く違い、大人が「社会のルール」を子どもに伝えなくてはならないのです。

つまり、しつけを一言で言えば、その子が大きくなってから困らないように、その時の社会から歓迎される基本的なルールや習慣を身につけさせることです。

基本的には、その子が将来、自分で自律して生活していく上で、不都合なく、できるだけ困らないで生きていく術《すべ》を教えることです。

それから、自尊心を傷つけられることなく、家庭、あるいは社会からの要請に応えられるように育てることが、しつけのもう一つの役割です。

私はこのような意味での「しつけ」は、必要だと考えます。しかし、前述の平井信義先生のおっしゃる「しつけ無用論」もよくわかります。

なぜなら、基本的信頼感が豊かに育てば、周囲からの要請を子どもは自然と察するようになりますから、エスカレーターに乗るようにうまくいくのです。「しつけ無用」とまではいかなくても、しつけやすいし、あるいはちょっとした注意で親の気持ちが通じるものなのです。

ただし、子育ての中でしつけという部分にウェートをおきすぎると、育児が楽しくなくなり、親子の人間関係も楽しくなくなります。

「しつけ無用論」は正しいのでしょうか

たとえば、早くおむつを取ろうとあせって、子どもとの関係が悪くなるということがあります。親はどうしても「自分でできるでしょ」「もう幼稚園に通い始めるのだから」と言って、早く自分でできるようにし向けさせます。

食事と排泄と着脱が自分一人でできることを「生活習慣の確立」と言います。これを一人でできると、自律できた、自律心があると錯覚してしまうのですが、こういうことは多少早いか遅いかの違いはありますが、誰でもいずれできるようになるのです。

時期については、とにかく親は「子どもに任せて待つ」ことが何より大事です。そして「こうするのですよ、ああしてはダメですよ」と何度も繰り返し伝える、それだけでいいのです。

「待つ」というのは、「自分でその時期を決めればいい」と言ってあげることです。私は自律とは「自分でものごとを決める」という意味だと思っています。この「子どもも任せ」にしてあげることが、実はしつけの重要な鍵だと考えます。

強制や禁止の言葉を使ったとしても、従わせるのではなく、「できるまで待つ」ことが大切なのです。

たとえばトイレット・トレーニングで「ここにおしっこするんだよ」と教えても、それをいつからできるようになるかは、子どもに自分で決めさせればいいのです。

「ここにおしっこをする」と伝えるのがしつけです。

伝える方法としては、教えてあげて何度も練習させてあげることです。そして、「いつまでも待っていてあげるから急ぐことはないよ、早くできる子どもがいい子なんじゃないのよ」というメッセージを与えてあげることが自律性を育てるのです。

つまり、しつけのポイントは三つです。

子どもの自尊心を傷つけないようにすること。そしてしつけたいことを、何度も繰り返し伝えること。そして、それがいつできるようになるかは、子どもに決めさせてあげること。

何を伝えていくかは親の価値観によって違うでしょう。百人いれば、百人のしつけの内容があります。けれども、原理原則はこの三つなのです。

子どもは〝親にほめられた面〟を伸ばしていく

子どもが幼稚園くらいになると、「しつけと言えば欠点を直すこと」と勘違いする人が多くいます。しかし、「人間は欠点を直せない」と私は思っています。欠点を直そうとすると、労多くして直せないどころか劣等感を植えつけてしまいます。

ですから、親はまず、子どもの長所を見つけてあげましょう。

人間は長所と短所を持っていますが、へたなしつけは弱点や欠点ばかりを気づかせてしまうのです。せっかく子どもに備わっている長所を発掘しないで、欠点ばかり強調してしまう。

だから、親は子どもの長所を一生懸命探して、弱点や欠点は見て見ぬ振りをするくらいでちょうどいいと思います。そうすると、長所が弱点をカバーしてくれるのです。短所や欠点を「あなたは、こういうところがあるから少し気をつけたほうがいいんじゃない」程度なら言ってもいいでしょう。

しかし一番大切なのは「こんないいところがあるんだから、そこをしっかり伸ばしていけば、弱点は小さなものになっていくよ」という育児の視点です。

たとえば、朝の準備がゆっくりな子どもがいますね。ぐずぐずとしたくをして友達を待たせたりするものですから、ついお母さんは小言を言いたくなったりします。

そんな時に一番いい方法は、口うるさく言うのではなく一緒に手伝ってあげることです。どうやればいいかを教えるのです。「一人でできないなんて……」などと言わず、ずっと手伝ってあげればいいと、私は思っています。

それから、もっと大切なのは準備している時に「今日、これからもっと楽しいことがある」と実感させることです。そうすると、早く準備ができるようになります。

長所と短所は紙一重!?
人間は欠点を直せない
まさみ
んまー
言い切ったよ 佐々木先生
じゃあ、長男の夜ふかしと朝ねぼうも…
遅刻するで
もうっ
二男のひどい落書きグセも直らないの?
授業中話聞いてる?
テストのうら
パラパラマンガ
長所は弱点をカバーする!
まさみ
本当?
成長してこうなった。夜に強い長男は夕方出勤の仕事に。
好きなだけ夜ふかし〜
二男は美術の道へ…
好きなだけ描け〜
描くとも

今やろうとしていることの先に楽しいことがあるか、不快なことがあるかによって、素早く準備ができたり行動がのろのろになったりするものです。

行動が遅い早いだけで、その子が不器用だとかのろまだとか、単純には言えないのです。

子どもが意欲的にやろうという気持ちを育てるためにも、「今日、楽しいことが起きるよ」と言って、手伝ってあげればいいのです。

「楽しいことが起きるよ」と親から子へ伝える――これが基本的信頼なのです。人を信じる力がある子どもほど、人と関わることに希望や喜びを「予感」できるのです。

大人であっても、朝起きて仕事に行く時と、早起きして旅行やゴルフに行く時では、したくのスピードが違います。大人も子どもも一緒です。

子どもは遠足がある時などは自然に早起きできます。しかし学校に行くことや、友達と遊ぶことがつまらない子どもは、寝起きが悪くなってしまうのです。

子どもが今日一日を楽しい思いでスタートできるようにしてあげることも、親の大切な役割です。

"頭ごなしの小言"より「穏やかな言葉」が効く

また、言ってもわからない子どもは、たたかないとダメだと言う親もいますが、私は「たたかれたから、わかる」ということは、まずないと思います。

私は子どもに手をあげる必要はないと思ってます。ただし、どんな場合もたたいていけないかどうか、私には断定的には言い切れません。

ただ、やはりここでも基本的信頼感があるかどうかがポイントです。それが子どもに敵意、恨みを抱かせるか、あるいは子どもの自尊心を傷つけるかどうかに関わってきます。

現代において、親や教育者が体罰をおそれるのは、基本的信頼感を育てる力が弱くなったからだと思います。子どもが人を信じ、自分を信じて生き生きしている時代だったら、悪いことをした子をぶつのを大人はおそれないでしょう。

これだけおそれるのは基本的信頼感がないからです。体罰を与えると子どもがひどく傷つくし、自尊心を失うし、体罰を与えた相手に対して敵意を抱くから、というおそれがあるのです。

親は子どもをよく叱りますが、基本的信頼感の育っていない子どもには、叱っても伝わらないということを知ってほしいと思います。

仲間の持ち物を勝手に持ってきたり、自分より弱い子どもに暴力をふるったりすることは、どうしても許されないことだと教えなければならない場面があります。

そういう時に、叱りながら教えるか、叱らないで教えるか、さらに言えば、悲しみながら教えるか、感情をあまり出さずに理論的に教えるかということで子どもへの伝わり方が違ってきます。

私は頭ごなしに叱ったり、怒ったりするよりは、どちらかというと悲しみを伝えるほうがいいと思います。

「どうしてそんなことになってしまうんだろうね」「○○ちゃんだって、悲しかったよね」というように、親の悲しみの気持ちを伝えるのです。怒りは受け入れられなくても、悲しみや喜びの感情は共有できるからです。

「死への準備教育」を日本に広めた上智大学名誉教授のアルフォンス・デーケンさんは、「喜びは共有すると二倍になるし、悲しみは共有すると半分になる」とおっしゃいました。だから、いけないことをやらなくなった子どもとは一緒に喜び、不始末をしてしまう子どもとは一緒に悲しんでやるのです。大人の悲しみは子どもに伝わります。

ところが、大人でも今は喜びや悲しみの感情を失いつつありますね。先日『山陽新聞』に、ある女子大学の学長になられた哲学者が、「悲哀の感情を現代っ子は失った」と書いていました。「大人も然《しか》りで、大人がそういう感情を伝えにくくなった」と。

ですからまず、子どもが不始末をした時には親の悲しみを伝えたほうがいいでしょう。「悲しみの感情」を伝えておけば、親の「怒りの感情」も伝えやすくなります。

そして何よりも子どもに本当に伝えておいてほしいのは、子どもが誕生した時、自分達は喜んで大歓迎したということです。また折にふれて子どもの小さな成長を家族みんなで喜び、その感情を伝えることも大切です。

ところが現代人は悲しみや喜びの感情を伝える前に、怒りの感情を伝えてしまうところに不幸があると思うのです。

「悲しみ」というのはレベルの高い感情ですが、「怒り」は原始的な感情なのです。

「幼児期のいい子」ほど思春期・青年期に挫折しやすい!?

人間は、相手を自分の思うように動かそうとして、それができないと、怒りの感情がわき上がってくるものです。そして、自己愛が強い人ほどよく怒ります。もちろん自己愛がゼロの人はいませんし、他者愛もゼロという人はいません。

ところが最近の日本人は自己愛だけが肥大した人が増えているようです。だから、子どもを生み育てなくても、ペットは飼うのでしょう。

ペットを飼うのは自分が癒されるためですが、それに対して育児は相手を癒す行為です。それができないのです。子育てやしつけというのは、自己愛が大きくてはうまくいかないのです。

たとえば独裁者は権力や暴力、軍隊の力で国民を統率しようとします。しかし、独裁者が国民を思いのままに動かしていくと、国民の猜疑《さいぎ》心は大きくなり、生きる力が衰退していきます。

親もこれに近いタイプの人が増えています。その圧力で、子どもは青年期になった時に問題を起こすかもしれません。めぐりめぐってそうなるのです。親に気を使って、親の顔色をうかがって生きてきたその抑圧が、ある日突然、爆発するのです。家庭内暴力は、まさにそのような例と言えるでしょう。

今、「しつけられる子ども」が「しつける人」の自己愛の犠牲になっているケースが増えていると思われます。

子どもというのは「ゆっくりでいいよ」「待っててあげるから」「自分で決めればいいよ」「自分で決めなさい」と言われて初めて、自律心が育っていくのです。しつけについては、そこを強調したいのです。

こうしてほしい、ああしてほしいという希望があっても、それがいつできるかは子どもに任せてあげる、自分で決めさせてあげるという親の姿勢が大切なのです。「待つ喜び」を子育ての喜びの中心にするといいと思います。

ただ、「待つ」のは、簡単なようでむずかしいことです。多くの親達にとって、これらのことは頭ではわかっていても、実際にはできないというのが現実の悩みでしょう。

でも、それは親自身が自律していないからなのです。つまり、自分を律せない、コントロールできていないからなのです。

〝経験値の大きい子〟ほどたくましく育つ

核家族が増えて、母子二人の密室育児というような極端な親子の密着が問題になっていますが、こういう傾向は、子どもの成長にとっては、あまりいいことではないようです。

子どもは親子関係の中だけでは育ちません。もっとよその人に手をかけてもらったり、よその家の様子にふれたりすることが大切です。そうすることで、わが家で通ることもよそでは通らないことを知りますし、逆に自分の親が許さないこともよそでは許してくれることがあるとわかります。

「親と祖父母は違う」「自分の親と友達の親では違う」ということを知ってもらうのです。そうすれば担任が替われば先生の価値観が変わることもわかるようになるのです。ある先生は大目に見てくれたことも今度の先生はうるさいなど、こういう違いを受け入れられるようにならないといけません。

だから私は、お母さんとお父さんの間で、本質的なところでしつけの方針が一致していれば、多少違いがあってもいいと思っています。親と祖父母、うちとお隣と友達の家では違うということを、いっぱい体験させてあげてください。

私が小さい頃、友達の家へ行くと、そこのお母さんが雑巾を持って待っていました。汚い足のまま家へ上がらないようにと、足をふいてくれるのですが、「ああ、そういうものか、こういう点はわが家はルーズだな」などと子ども心に思いました。「○○ちゃんのおうちには甘いお菓子がないけど、親は虫歯を心配しているのだろう」ということも感じることができます。

こういう経験は、子どもが価値観の多様性を学ぶ上で、とても大切です。ですから、しつけの原理原則はきちっと決まっているけれど、枝葉末節、具体的なことはばらばらでもいいと思います。

私は大学で講義する時に、静かにしなさいと注意するのではなく、「言いたいことがあったら手を上げて発言しなさい。いつでも聞いてあげるから」と折にふれて言ってきました。そうすると、ちゃんとわかって静かになります。極端な場合には、自分の話を中断して話し声のするほうを見るのです。そうすると相手は気づいて静かになります。

ガミガミ言ったからといって、しつけられるわけではないのです。

定期的に「子育て仲間」と悩みを分かち合って

これもよく質問されることですが、「周りのお母さん達との子育ての価値観の違いに悩む」という問題は、本質的には価値観の違いというより、基本的信頼感の弱さだと私は思います。

たとえば、「子どもから親に、何を言われるかわからない」というおそれから、よその子どもを注意できないのです。

子どもだけでなく、大人も人を信じる力が弱くなっていて、人を信じられない人が増えています。自分の善意が通じにくいことをお互いに知っているので、「触らぬ神にたたりなし」と警戒し合っているのです。

ですから、お母さんは、自分の子どもと同じ年頃の子どもがいる気の合った友人を作るといいと思います。子育てという共通の話題があるので、お互い共感しやすいと思います。

親しい友人とは相手の善意を信じることができるので、これが基本的信頼感につながっていきます。相手を信じるというのは、人間にとって、とても心地いい感情です。

子どもにイライラする時は〝夫婦関係〟を見直してみる

もちろん、子育てには夫婦の相互信頼も大きく関わってきます。これもよくお母さん達に話すことですが、「お母さんが夫に失望したり、夫への信頼を失ったりすると、母性を失ってしまう」のです。そして知らず知らずのうちにいらだちが大きくなり、子どもへの指示、命令が増えていくのです。

子育てはお母さん一人だけでするものではないことを、お父さんにもわかってもらいましょう。

子どもは親の人間関係から、関係作りを学ぶのです。だから、夫婦関係が悪い状態で育児をするのは、子どもの基本的信頼感を育む上で、とても困難な状況と言えるでしょう。

夫婦の仲がよくて、食事は別に贅沢でなくても粗末にしなければ、あとは親がろくに何もしなくても子どもは育っていくと言われるくらい、夫婦の仲は子育てに影響するのです。

「人間」という字は人の間と書きますし、「人」という字は支え合って寄りかかっているような形です。意味を表わすために、なんと絶妙な字を作ったのかと思います。どういう人が知恵をしぼってこんなすばらしい文字を作ったのでしょうか。

文字通り、人に寄りかかっていなかったら、支え合っていなかったら、人間ではないのです。ですから自律的な人間とは、人を活かすことで自分が活かされているのです。

親も子もお父さんもお母さんも、人間は支え合って生きているのです。それなのに、大人になっても自分が支えられることは要求しても、人を支えるのは面倒だと考える人が増えているようです。

いつまでも自分自分と言って、自分のことばかり思っていると、いつまでたっても成熟した人間になれません。そこに気づいてほしいですし、気づかないと、どんどん深みにはまっていくでしょう。

「よそ行きの顔」ができる子なら、少々やんちゃでも大丈夫

今、小学校では子ども達が騒いだり立ち歩いたりして授業が成り立たなくなる、いわゆる学級崩壊が問題になっています。そして、それは幼児期のしつけが足りないからだと言う人もいます。

しかし私は、しつけが足りなかったからではなく、自分で自分をコントロールする力や、周囲の期待に応える力が落ちているからだと思います。それを家庭で口うるさくしつけなければならないと誤解したら、大変なことになります。絶対にうまくいきません。

しつけとは、子どもを家の中でしっかりさせることではなくて、外で「よそ行きの顔」ができるように育むことだとも言えます。そして、外で「よそ行きの顔」ができるためには、家でくつろげることが必要なのです。「家庭の顔」と「よそ行きの顔」は違うということが原則です。

保育者やベビーシッターからよく聞くのですが、近頃の子どもは親の前でよそ行き

の顔をし、親がいなくなると地が出て、本来の子どもの欲求が出るというのです。もしかしたら学級崩壊を起こしている生徒も、親の前や家庭では「いい子」なのかもしれません。

親は子どもが自分の前ではいい子にしているから、わが子が学級崩壊の原因になっていることが信じられないのです。

先生や保育者に注意されて、親が反省をし、子どもへの対応に試行錯誤するのならいいのですが、攻撃的になってしまう親もいます。「あなたがきちんとしないから、私が恥をかかされた」と言って、子どもを叱る親が多いのです。

しかし実を言えば、外で猫をかぶる内弁慶が子どもの正常な姿です。親の前でいい子にさせるのは、親の自己愛以外の何ものでもありません。

「自分のことが好き」な子は「他人からも好かれる」

私達が子どもをしつけるのは、わが子が将来、社会に受け入れられるようにするためだと書きました。

弁慶がいっぱい
内弁慶
家の中では
わがままな
甘えんぼうさんが
やだ
やだ
いつも穏やかで
キチンとした
お子さんで…
3年1組
うそ…
外弁慶
逆に
家の中では
いい子なのに…
ハイ
ヒ〜
こづかい
これっぽっちかい
ギョッ
あれ
うちの子?
スーパー
リバーシブル弁慶
いつでもどこでも
発散中…
ワ〜〜
ある意味わかりやすい
性質やわね
あ〜しんど

別の表現で言えば、みなに好かれる子どもにすることなのですが、それは八方美人に育てるということではありません。

「自分が受け入れられたい仲間、友人、先生」から受け入れられるようにするためです。

子どもは「人から好かれる」ことで、自分を好きになれるのです。また、「社会から受け入れられる」ことで、社会的存在としての自分に自信を持つようになるのです。子どもを育てる基本的な姿勢は、子どもが「自分のことを好き」になれるように育てることだと思います。

長所のない人も短所のない人もいません。誰にでも自分の好きなところ、嫌いなところがあります。しかし、総じて人は自分を好きになれるものです。自分を好きになれるということは、自分を誇れる、愛せるということです。

基本的に、自分を好きでない人は、他人を受け入れることができません。

ですから、自分を好きになれる子どもに育ててあげられるかどうかが、その子どもの一生にとって、非常に大きな意味を持っているのです。しつけをする時は、そのような目的がしっかりあるということを、私達は知っておかなくてはなりません。

〝納得〟できれば、子どもは自発的に行動する

「こういうことができなくては困りますよ」「こういうことは我慢できるようになっていないと困りますよ」と繰り返し言うことがしつけです。

なるほど、こういうことができないと困るのだ、こういうことは我慢できるようにならないと困るんだと、本人が自分で納得して行動できるようにしてあげることが、しつけなのです。

ですから、それは親が一回言えばすぐできるというものでも、また、頭ごなしに強い力で強制すればできるようになるというものでもありません。

「なるほどそうか」と、本人がある程度、または十分に納得して行動できるようになるためには、基本的にはやさしく穏やかな言葉で繰り返し言ってあげる、また親がそういう場面でお手本を見せてあげる、そしてゆっくり待っていてあげることです。

効率優先のあわただしい生活を送っている現代人は、「待つ」ことが苦手です。

でも、頭ごなしに言っても、子どもは「なるほど、そうなんだ」と納得しないでし

ょう。ところが、かみ砕いてルールの意味を伝えてあげれば、子どもは「なるほど、そうか」とわかってくれます。

お母さんやお父さんがこうしなさい、こうしちゃいけません、と言うにはそれなりの理由があるからなのだと、本人が納得できるように、機が熟すのを待ってあげる気持ちで、穏やかに繰り返し、伝えていくのです。

本人が「なるほどなあ、そうなんだ」と自分で納得すれば、屈辱感や自己否定感を感じません。

反対に、頭ごなしにガーンと言われて、従わなければ体罰を受けるという恐怖や、うちから追い出されるという不安から、屈服させられてしまうと、子どもはそんな自分を嫌いになります。そして、そうさせた親のことを、もっと嫌いになります。

もちろん、自尊心も大きく傷つけられるわけです。

子どもの「問題行動」は必ず〝しつけ〟に原因がある

自尊心とは自分を尊ぶ心と書きますが、別の言い方をすれば、「健全なプライド」

ということになります。しつけとはまた、この心が形成され、熟すのを待ってあげることなのです。

「健全なプライド」が形成されないと、思春期・青年期になって「空き缶はゴミ箱に入れる」といった基本的ルールを守れない、わざと守らない、といった行動を取るようになります。ひどくなると放火する子もいます。わざわざ苦労して、人を困らせるようなことをするわけです。

しかも、恨みつらみのある家に放火するわけではないのです。火をつけやすい家であればどこでもよく、人目のつかない深夜に火をつけていきます。

この子どもの心につもっている恨みつらみは、火をつける家ではなく、自分を抑圧してきた親や社会など、他のところにあるわけです。

自尊心がない子ども、自己否定している子どもは、こういう行動をするのです。

逆に、自己肯定感があれば、社会から歓迎される行動に意欲的に取り組むことができます。自己否定感は社会そのものを否定する方向にいくので、表面的には周囲の人やものを傷つけていきますが、実際は自分を傷つけているのです。

だから広く社会に対して建設的に、創造的に、生産的に、意欲的に生きていけるようにするのが本当のしつけなのです。

ゆったり子育てで「自分を肯定できる子」に

繰り返しますが、自己肯定感を持っている子、つまりいい意味で自尊の感情をしっかり持った子どもは、社会から歓迎される行動を取ることに大きな誇りと喜びを感じられます。逆に自己否定感のある子は、社会を破壊することにひそかな喜び、いわゆる屈折した「自虐的な喜び」とでも言うしかないような感情を作ってしまいます。

重大な犯罪を犯す多くの少年は、まさに後者なのです。

少年犯罪の背景には、非常に厳しい母親、過剰期待する母親がいるケースがよくあります。

たとえば、酒鬼薔薇A少年（一九九七年、神戸市で起きた連続児童殺傷事件で犯人として逮捕された。当時中学二年生）のお母さんは、「この子が社会でりっぱにやっていけるように、きちんとしつけた」と言っていましたが、親のそうした意図は、実際には子どもに伝わっていなかったのです。

自尊心を破壊しながらしつけをした結果、欲求不満がつのり、それが自分より力の弱い者への攻撃につながっていったのです。しつけを間違えると、自己破壊的になり、ついには他を傷つける行動に出る典型的な例でした。

こうした事件が起きるたびに、家庭での幼児期のしつけができていなかったからだとか、親が過保護に甘やかし過ぎたからだと言う人がいます。

しかし、それはむしろ逆なのです。親が自分の期待を過剰に押しつけ、子どもの自尊心を傷つけているからなのです。親が子どもの喜びを考え、ゆったり子育てをしていれば、また「子どもが喜ぶような親」になることで、子どもがのびのび育つような環境が家庭にあれば、自己肯定感を育ててあげられるのです。

「ああしなさい」「こうしなさい」と繰り返し伝えながら、自己肯定感が熟してくるのを上手に待っていてあげることが大事なのです。

子育てで〝せっぱつまった気持ち〟になった時は――

子どもが思春期・青年期になった時に、育児のやり直しをするのは、大変なことです。たとえ親以外の専門家が代わりにやってみたとしても本当にやり直せるかどうかはわからず、専門医も半分以上は否定的な見方をしています。

しかし私は悲観していません。

たとえば家庭内暴力を起こしているわが子がいる場合、渦中にある親は大変つらい毎日をおくっています。

こうした時、親が孤立無援で、こうした状況を乗り越えるのは困難です。

私はかつて、横浜の地域療育センターに勤めていた頃、電話相談を受けることがありましたが、「何かあったら、いつでも電話をください。この曜日なら、原則として夜十時以降はいつでも大丈夫ですよ」と言っておきました。そうすると、いつでも電話できるという安心感がありますから、かえってせっぱつまって電話をかけてくることがないように思います。

相談を受けた中に、二十三歳の息子さんを泣きながら抱きしめたお母さんがいます。おそらく周りから見れば、その年齢の息子を抱きしめるなど、極めて不自然に思えたかもしれません。けれども「それが本当によかったと思う」と言うのです。

息子を一生懸命に抱きしめて、「あなたが小さい時はお母さん、自分としては一生懸命だったんだ。そうするしかなかったんだけど、結果としては、あなたが本当に喜ぶようなことはできなかったかもしれない」ときちんと謝ったのです。そこから、何年かかってもいいという気持ちで再出発をしていったのです。

そういうふうにして、多くの方々が今希望を持って生きています。

「何をしたいか」がはっきりしている子ほど伸びていく

現代っ子の頭の中では「何をしたいか」より、「何をしなければならないか」が優先的に頭をしめていると何かの調査で目にしたことがあります。

「何をしなければならないか」と、「何をしたいか」とは大違いです。

「何をしたいか」は「夢、希望」であり、「何をしなければならないか」は「義務」です。人は夢や希望がなければ生きていけないのに、現代っ子は子どものうちから義務感が先にたってしまっているのです。

たとえば、社会のルールを守らなければならないという場合に、「そうしなければならない」というのと、「そうしたい」という感情があるでしょう。ゴミを捨ててはいけないんだ、家へ持ち帰らなければならないんだという禁止の気持ちと、ゴミを山に捨てて帰る人にはなりたくないという自発的な感情とが人間にはあるのです。

同じ行動をとるのでも、義務感でするよりは、こうしたほうがいいと納得して主体的にやるのがいいわけです。

「授業中に私語をすると怒られるよ」と教えるのと、「勉強する時には静かにしよう」と自分で判断できるような子どもに育てるのとでは、同じしつけをしているように見えて、まるで違います。

最近、「家庭の中で『ダメなことはダメ』というしつけがなされていないことが問題」と提唱する人もいますが、そうではないのです。「そうしよう」「そうしたい」という意欲を育てられていないのです。

たとえば、私語をした生徒を立たせれば、本人はその場では静かにするでしょう。けれども、それは自尊心を傷つけられたから、私語をしないだけのことです。本当にしなければならないことは、「自尊の感情」を意欲的にしっかり持てるようなしつけをすることなのです。

規則を守るとは、「規則を守ることに誇りを感じる」ということです。「泥棒しない」

とは、「自分は自尊心があるから泥棒なんかしない」ということであって、「泥棒したいのに我慢している」のとはわけが違います。

頭ではわかっていても、親、大人はその違いをうっかり混同してしまうのです。しつけは自尊の感情を「育てる」こと。決して傷つけることではないのです。

「学校ではできないこと」を学校に期待していませんか

また、最近の親は、子どもだけでなく学校にも「学校ではできないこと」まで期待し過ぎているようです。親にできないことを教師に期待するのはよくありません。

親だけではできないこと、学校だけではできないことがあります。そこに視点がいかずに、親は学校がダメだからと言い、学校は親がダメだからと言い合っているのです。

食べ物にも三大栄養素があるように、子育てにも三つの大切な柱があります。学校がたん白質で、家庭が脂肪なら、炭水化物は地域になるでしょうか。その他にミネラルやビタミンなどが全部そろわなくてはいけません。

家庭はかけがえのない大切な存在ですが、学校の価値を家庭や地域で補うことはできませんし、逆もまた然りです。

家庭がどんなにいい育児をしても、学校がどんなにいい教育をしても、それだけでは足りないのです。

地域社会のことで言えば、今は広場や原っぱが減ったので、私達大人や子ども同士が交流できるような時間や空間を考案し、豊かな人間関係が身につくようなアイディアを出していかなければならないでしょう。

Y市の青少年問題協議会の委員が、「Y市には公園などの子どもの遊び場が少な過ぎる」と言ったら、別の委員が「ばかを言っちゃいけません。どこの公園が子どもがいっぱいで困っていると言うのですか」と答えたそうです。

これは全国的な傾向で、どこへ行っても広場などに子どもはたくさんいやしないのだから、費用をかけて公園など造《つく》っても意味がない、今の公園で用が足りなくなったら造ればいいのだと言っていました。なるほどと思いました。

公園を増やせば子どもが外で遊ぶという発想ではダメなのです。本来、子どもは空き地や道ばたでも、遊ぶものです。

私は十何年も前に神奈川県の教育委員会で、学校不適応児の研究協議会の会長をしておりましたが、そこで何度も言ってきたことがあります。

小学校に新入生が入ってきたら、最低最初の一学期間くらいは算数や国語などの勉強より、友達同士が打ち解けて、くつろいでおもしろいことができる教育に徹したらどうですか、と。

文部大臣が「一年生はまず友だちと遊びなさい」と全国の学校におふれを出すくらいになればいいと、私は思っています。

子どもは朝起きたら「学校に行くのが楽しみで、面白くて」という気持ちであってほしいのです。私達の時代はまさにそうでした。特に授業が始まる前が楽しく、早くから走り回って活気づいていたものです。どんなに勉強が嫌いでも不登校児はいませんでした。

「とにかく学校が面白い」という感情を、今の子ども達の中に取り戻さなければいけないと思っています。

第3章

〝友達とよく遊ぶ子〟ほど頑張り屋に育つ

――子どもは一人で育つのではなく「仲間と育ち合う」のです

子どもはこの〝三つのプロセス〟を通して育っていく

前にも述べましたが、相互に依存し合い、支え合う存在を表現している「人」という文字は、とてもすばらしいセンスで創造されたものと感じ入ります。

また人間という字は、人は人の「間」にいることで初めて「人間」になることを示唆しています。

そのことはまた、人間が社会的な存在であることを意味しているとも言えます。

自閉症の研究で有名な児童精神医学の世界的パイオニア、レオ・カナー博士は、子どもの精神発達について「社会化を達成すること」が最終的な成熟現象であるとしています。そしてその成熟過程を、①基本的社会化、②家庭内での社会化、③地域での社会化――の三段階に分けて考えています。

人間は、乳児の時から母親に泣き声をあげることで自分の欲求を表現して、それを満たしてもらっています。生まれながらにして、すでに対人的で社会的な存在だと言えるのです。

そういう意味では、子育てとは、三歳には三歳の、五歳には五歳の、十四歳には十四歳の、それぞれの年齢にふさわしい社会化を達成させてやることだとも言い換えることができます。

子どもの意欲・創造性は〝遊びの中〟で磨かれます

子どもは四、五歳になると、特に親しい「仲良し」の友達をほしがり始めます。それまでの母親や家族だけとの世界とは違った、仲間との新しい世界の中で、新鮮な好奇心を満足させるものや、新たな感動を体験するのです。

この頃の子ども達は運動筋（随意筋）の発達によって、自由に走り回ることができるようになります。疲れを知らず、あり余るようなエネルギーを駆使して活発に活動します。少しぐらいのけがや失敗、不安の経験は、旺盛な好奇心や探求心のために、すぐに忘れ去られてしまいます。

しかしこのような体験は、仲間や友達がいなくては味わうことができません。ひとりぼっちでは、ちょっとしたつまずきや不安に遭遇しただけで、すぐに引き下がってしまい、もう二度とそういう場面に出向いていきたがらなくなります。ところが親しい友達と一緒ですと、多少の失敗などはすぐに忘れて、興味深いと思えることには、ひるまずに向かっていきます。

自分一人では決して行くことのできない場所まで遠出して、新しい公園や広場で遊んできたり、年上の子どもに導かれて川や沼でオタマジャクシやザリガニを捕ってきたりします。

親しい信頼のおける友達と一緒だから、自分の手に負えるかどうかわからない不確実なことや危険そうなことを、自分や自分達の判断で計画して取り組めるようになるのです。

子ども達がまだ行ったことのなかった空き地を見つけて遊ぶことや、はじめて小沼でオタマジャクシやザリガニを捕ってくるような体験は、登山家がどこかの困難な山の登頂に成功したり、科学者が何か新しい発見をしたりするのと同質のものです。

このように、子どもの自主性や自発性、そして意欲や探求心、創造性などは、友達なしには育ち得ないのです。そして、仲間とコミュニケーションしながら発達してくる自発性や自主性は、「社会性そのもの」なのですから、友達との遊びの体験が十分になくては、社会人としての資質が磨かれないことになります。

“友達に共感できる子”ほど「自分を見つめる力」も強い

子どもはまた、自分自身をよく知るために、友達が必要です。子ども達は遊びの中で遊び相手と自分が、意見や考え方が違うことに気づきます。

その結果、ある時は自分の意見を押し通し、またある時は友達の立場や主張を認めて優先させるなど、相手の能力や性格を見つめながら、自分の取るべき態度や役割を作り上げていきます。

このようにして子ども達は、「相手を理解すること」と「自分自身への認識」を深めることを、同時並行的にやっていくのです。

あるいは視点を変えれば、「他人の理解」と「自己の認識」は同義的なことと言えます。ですから、友達への共感や理解が深まれば深まるほど、自分のことをよく見つめることのできる子になっていくのです。

このように考えていきますと、友達のいない孤独な子どもほど自分を見つめる力が弱く、ささいなことで自分を見失い、衝動的な行動を取りやすくなっていることが、よく理解できます。

思春期になって家庭や学校で暴力をふるう子ども、自殺を志向する子ども、万引きをする子ども、オートバイで暴走する子ども、シンナーなどの薬物乱用に陥る子ども達は、それぞれいろいろな性格や資質を持っていますが、本質的にはみんな孤独なのです。

子どもの精神発達の最終的な成熟現象は「地域での社会化」と言われますが、その社会的成熟は相手に共感し、相手の立場を尊重し、仲間や友達と意見や行動をともにする体験を積み重ねることで達成されるのです。個人の社会的人格の形成基盤となる自我の形成と拡大は、このようにして達成されるのです。

そのために幼児に必要なことは、友達との豊富な遊びの体験です。

親と子だけの密室育児はすすめません

ところが現代の私達の社会構造は、子どもが友達遊びをすることを困難にしています。そのことに無頓着なまま子どもを育てていますと、後で大きな悔いを残すことになりがちです。そこで、現代の家庭や社会の仕組みについて、少し考えてみることにします。

まず現代の家庭では、子どもが少ない傾向にあり、ひとりっ子かふたりっ子の場合が多いと言われています。兄弟や姉妹が少ないということは、それだけ人間関係の練習が不足しがちになるということです。

家庭の中で子どもが自分だけか、ほかに一人しかいないような場合には、家庭内の人間関係が一つの決まりきったパターンになりがちです。同胞が多いと、それだけで種々雑多でダイナミックな人間関係ができあがりますし、自分の友達以外にも兄弟の友達や仲間も大勢出入りするので、いろいろな子どもとの接触やコミュニケーションの機会が得られます。

しかし、ひとりっ子やふたりっ子では、同胞関係が少ない上に、親子の決まったパターンの人間関係に終始してしまいがちになるのです。

それにも関わらず現代の私達の家庭は、子どもが自分の家の中だけに閉じこもっていても、退屈しない仕組みができあがってしまっています。

まず、テレビはたくさんのチャンネルが楽しい番組を競って放映してくれますし、大抵の家庭では玩具が十分あります。その上、おやつも食べきれないくらいあるのですから、子ども達はそれぞれの家庭の中にいるだけで、あまり退屈や欲求不満を感じないですむのです。

子ども達それぞれが多かれ少なかれこういう状態でいるのですから、あまり戸外で遊ぼうとしません。また表に出て遊ぼうとしても、なかなかよい空き地や広場がありません。

都会ではちょっとした路地のようなところにまで自動車が入ってきますし、空き地があれば大抵は有料駐車場か何かに経済的利用をされていて、子ども達が立ち入ることはできません。

その上、多くの子ども達は幼児期から、ピアノやバレエやスイミングなどのけいこ事やスポーツの訓練に通ったりしていますから、遊び合う時間がなかなか取れなくなっているのです。

対人関係の能力は〝遊びの中〟でしか育たない

もちろん、塾や習い事に通わせるのが悪いわけではありません。しかし、「習い事、勉強」と「遊び」のバランスがくずれ、友達と自由にコミュニケーションする時間が減ってしまったことは、子どもの「心の発達」という点から感心できません。

最近は友達と遊ぶよりも一人遊びが増えました。これでは、対人関係の能力が育たないのです。

以前、東京の児童館にお勤めの方が『朝日新聞』に投書されていましたが、最近の子ども達は児童館という場所を作り、時間を与え、仲間まで集めてあげても上手に友達と遊べないそうです。これは恐るべき能力の喪失です。

何か習い事をする、勉強するというのは大人から教わることで、とても大事なことです。一方、子どもは友達との遊びを通して、人間関係の様々なルールを学んでいきます。対人関係の能力は、「遊びの中でしか育たない」と言ってもよいでしょう。

また、子ども達は遊びの中で、お仕着せのルールを守るだけでなく、自分達で新しいルールを作り、自分達で守り合うことを学んでいきます。ですから、自分の役割に対する責任感も遊びの中でしか育たない、ということも言えるのです。

〝不登校〟になりやすい子のサイン

先日、ジャーナリストの江川紹子さんと若者達とが対談するテレビ番組があり、その中で、いじめにあっているわけでも、先生にとやかく言われているわけでもなく、特に理由もないのに不登校になった生徒が出ていました。

不登校は、いじめや勉強ができない、先生に傷つけられたという理由でなるものと思われているようですが、実はそうではありません。

もし、いじめられたから、意地悪されたから、変なあだ名をつけられたから学校に行きたくないなどと子どもが答えても、実はそれはいいわけであったり、きっかけに過ぎません。本当の原因ではないのです。

私は以前から、不登校というのは「対人関係の問題」だと言い続けています。人と共感できる感情が成熟しているかどうかに問題があるのです。幼児期からたくさんの友達と遊ぶことで人の気持ちを推し量る力がきちんと育まれていたら、いじめなどの多少のことでは不登校にならないと、私は心底思っています。

昔は、「いじめられたから学校へ行けなくなった」など、子ども達は、無理矢理、何か理由を言っていたのです。最近は不登校の生徒が、「別に理由はない」とありのままに表現できるようになっただけのことだと思います。

「理由がないのに学校を休むなんて」と、びっくりする人もいます。単なるなまけだと思われがちですが、それだけに不登校の問題は深刻なのです。「理由がない」から、いじめのない学校へ転校しても学校へは行けないのです。

友達ができない、友達とうまくやっていけない子ども達、登校拒否やいじめ、ひきこもりの問題に出合っている子ども達は近年、増えてきています。親としては、とても心配になるでしょう。

このような子ども達が増えてきた原因については、今までは少子化や経済的発展など外的な環境の変化が大きな原因としてあげられてきたと思います。

しかし、繰り返しますが、私は基本的な原因は、子どもの対人関係の能力が落ちていること、そして、その背景に親世代の対人関係の弱体化があると考えています。

親が親戚や近隣との人間関係を円滑にできれば、子どももそこから学んで、十分に人とのコミュニケーションができるようになるでしょう。まさに子は〝親を映す鏡〟なのです。

「子ども集団」の中でもまれてきた子は自立心も旺盛

友達遊びはまた、親離れの練習の一つでもあります。

親離れすることは、子どもにとって健康な状態です。ですから、安心して離れていけるように、親が日頃から心がけていなくてはなりません。

たとえば三家族ぐらい一緒になって動物園や遊園地へ行くようにするだけで、いかに子ども達だけで親から離れていこうとするのかが見えてきます。

親と行く時は親の周りをちょろちょろしているだけですが、三家族ぐらい一緒だと子どもだけで五、六人になりますので、子どもの集団で動くようになります。そしてこの五、六人でルールを作り、気持ちを通わせ合いながら行動していくのです。すると、この「子ども集団」が親の思惑とはいかに違うかがわかってきます。

ところが、親とだけしか外出したことがない子どもは、親の感覚だけでしか動けません。自分の感覚で動けないのです。

親は小さいうちから子ども達だけで行動させるよううながし、またその姿を見るべきだと思います。子どもはああいうふうに自立していくんだ、仲間と共感して行動を共にできるようになっていくのだ、と。

親も子離れする、いい練習になるでしょう。

「友達作りのうまい子」の親はここが違う

友達作りがうまい子になるための練習として、親は何家族かで旅行や外出をする機会を作ってあげたり、いとこや甥っ子、姪っ子などの親戚の子どもを自宅に呼んだりしてあげてください。わが子を親戚に預けるのもいいでしょう。

私は子ども達に、友達を自分のうちへ連れてくるのはとてもいいことだと言ってきたので、わが家にはいつも子どもの友達が数人は集まっていました。

そして、おやつくらいはいつも用意しておき、子どもの部屋でやる限りは、どんなに汚しても平気だし、時には壁に落書きしてもいいというようなことを言ってあげます。

子ども達が遊びに来てくれると「よく来てくれたわね」と、妻はいつも言っていました。そうすると、その子ども達の中の何人かのお宅で「うちにもいらっしゃいよ」と声をかけてくれます。

さらに慣れてくると、翌日が休みの日などは互いに泊まり合ったりすることになります。

こうした経験は、非常に価値があったと思います。こんな経験があれば、不登校の心配は、まずありません。子どもは自然に人を信じるようになります。自分の家庭以外の場でもくつろげることも知ります。だから、教室に行けないから保健室に行くといったこともないわけです。

いろいろな友達と深く交流するきっかけを与えることが、子どもの社会性を健全に育てる秘訣になると思います。

しかし、今はこういうことをやりにくくなりました。

つまり、各家庭が孤立してしまい、周りの人と深く関わらないのが日本の家庭の平

安心の場の広げかた
友達をうちにつれてくる
こんちわー
おじゃましまーす
よく来てくれたわね
あのね、ママが土曜ならいるのでウチにも来てねって…
お泊り合いっこする
ごはんもたのしい〜
ハイ
お風呂もおもしろ〜い
ねるのがおし〜い
ムニャムニャ
何家族かで外出！旅行やキャンプも。
こちら1号車次トイレ休憩入ります
ようやく眠ったね
ダンナたちはのみに行ったし
私たちも…
ビール
親たちも盛り上がる

均的なスタイルになったので、どの子も不登校になる可能性がある状態になっているのです。

しかし、今述べたようなことを心がけていれば、十分に不登校の防止策になり、子どもも健全に育っていくことでしょう。

人と関わると疲れるというお母さんもいますが、これはもうすでに親が不登校的な状態になっているのです。

だから、夫なり祖父母なり、誰かが疲れないように癒してあげなければならないでしょう。

また、子育て支援センターや保育センター、育児サークルなど、きっとふるさとのようにお母さん達を受け入れてくれる場所に足を運んでほしいと思います。

"年上の友達"は子どもにとって「最高の教師」

さて、子どもが友達をほしがる必然性について、アメリカの精神分析家で子どもの心理社会的発達論で有名なエリクソンは、小学生時代の子どもについて、こんな指摘をしています。

「学問に直接関係のない将来の職業に関係して、教師など大人から多くのことを学ぶことは事実である。しかし、それ以上に多くのことを、おそらくもっとも多くのことを年上の子ども達から学ぶであろう」

つまり、小学生時代の子どもは、将来、社会人ないし職業人になるために「必要なこと」の多くを子ども達から学ぶというのです。

今日、私達はそのことの重要さを忘れてはいないでしょうか。もっとも多くの大切な事柄を、先生から学ぶとでも誤解してはいないでしょうか。

大切な学業を学校の教師から学び、水泳やサッカーをスポーツクラブのコーチから習い、情操教育としてのピアノをおけいこの先生から教えてもらい、英会話を外人講師に学び、まだ不足があれば学習塾で補習授業を受けて、家庭で親がきちんとしつけていれば「申し分のない子どもに育つ」とでも思い違いをしていないでしょうか。

こんな生活を何年繰り返し送っても、子どもの発達の「究極の段階」とも言える健全な社会化の達成は不可能なのです。

〃友達の少ない子〃ほどいつまでも幼児性が抜けない

子どもが年齢相応の社会性を身につけていなければ、子ども達の社会にはなじめません。今日、児童精神衛生のクリニックは、社会性の不足した子ども達で大変な混雑です。

ある子どもは種々の身体的な変調を訴える心身症の状態で親に連れられてきます。また登校拒否、その他、かん黙、家庭内暴力、拒食、非行などの非社会的ないし反社会的行動を主徴候にした子ども達も親と共に訪れます。

彼らに共通していることは、何事も大人からしか学んでいないということです。子どもは「子どもから」学ばなければならないのです。子ども同士で相互に学び合わなければ、子どもは子ども社会に適応するための社会的人格を身につけることができないということです。

ですから登校拒否になる子どもは、仲間や上級生から何かを学ぶ態度や習慣が身についていないとも言えます。仲間から何かを教えてもらったりする能力が身についいて

子どもは子どもの中で育つ
保育所は0歳児から
6歳の子までいるので
一人っ子の子にも兄弟が
いっぱいいるみたい
小さい子は
わがままやなぁ
自然と教える立場
にもなる
あのね
さんかくに
おって…
でも小学校に上ると…
今日は6年生の
お兄さんお姉さんが
一緒に歩いて
くれますよ
保護される立場に
逆もどり
赤ちゃんと
ちゃうぞ
ヒョイ
すごい
今度はいろいろ
教えてもらえるね!

いないのです。

このような能力は、小学生になって急に身につくものでは決してありません。幼児期からの友達遊びを通して発達的に獲得されていくもので、大人には教えてあげることのできないものなのです。

子どもが友達と一緒の遊びや学習の世界に同化できなかったら、一体どうなるのでしょうか。

それは年齢によって程度が違いますが、劣等感や絶望感の強い子どもになっていきます。

大人が何をどんなふうに教えても、子どもは決して自発性の豊かな勤勉な子どもには育っていきません。

友達のいない孤独な子どもは、たとえ読み書きがよくできたり、どんなにピアノが上手に弾けたとしても、いつまでも幼児性がぬけないものです。心が成熟していかないのです。

社会化の達成は、成熟の最終段階であるということを、ここでもう一度強調しておきます。

子ども達は本来みんな、友達をほしがっています。友達と一緒に過ごす時間の喜びを知らない子どもがいるとしたら、これほど不幸な子どもはいないということになるのです。

第4章

子育ては「親育て」なのです

――誰もが〝悩みながら〟親になっていきます

親の〝一生懸命な気持ち〟が子どもの負担になる時

親が一生懸命に子育てをしているのに、子どもが悪いほうへ行ってしまうことがあります。

結果的に育児がうまくいかなかった場合、いい専門家に頼ることも一つの方法でしょう。しかし基本的には、もう一度、自分が家庭の中でやってきたことを少し見直さなければなりません。そしてその時、「この子のために自分がいる」という喜びや誇りに思える感情を親が取り戻すことが何より大切です。

「この子の笑顔のために私がいる」という感情です。

言葉を換えると、子どもの喜びをわが喜びに感じられる、そんな感情を取り戻すことです。親はしばしば「自分の喜びのために、子どもにこうしてもらいたい」と思うことがあります。子どもに何かしてもらうことが「自分の喜び」だと勘違いしている親もいます。

私は、相談に見えるお母さんとの面接でも、ここのところを一番努力してお話ししています。つまり、「人の喜びをわが喜びとする」――これが人間の本当の喜びなのです。

たとえば音楽の演奏家は、なぜ地道な訓練、練習に耐えられるかというと、演奏会場で観客が「感動した」という喜びを表現してくれるからです。あの喜びをまた感じたいからなのです。

マラソンランナーがなぜ、あのような過酷な練習に耐えられるかというのも、沿道の観客が応援してくれ、そしてゲートをくぐって観覧席に戻ってきた時、観衆と感動を分かち合えるからです。こんなに多くの人達に自分は大きな感動を与えられたと思えるからです。

無人島で一生を送る人が、マラソンの練習に励むなんてことはあり得ないと思います。おそらく音楽の練習だってしないでしょう。人間とはそういうものです。

このように、「誰かに喜んでもらうために自分が存在し得た」という喜びが、人間の最大の喜びなのです。

「人の喜びをわが喜び」と感じられるようなお母さんに変わってほしい。私はそこを繰り返し強調したいのです。

「待つ」愛情の大切さに気づいてますか？

「子どものために私がいる」と思うことは、「あなたのために、私が活かされている」ということにつながります。

子どもは、親から与えられる側ばかりではないのです。

「自分のためだけ」に一生懸命に生きて、幸せに輝いているお母さんや先生など、私は見たことがありません。生徒を生き生きさせている先生は輝いています。患者を生き生きさせている医者は輝いています。子どもを輝かせている親は生き生きしています。

自分のために子どもに輝いてほしいと思っている親はダメです。「生き生き」ではなく「イライラ」しているはずです。たとえば、子どもにいい成績を取るようにやかましく言うのは、「子どものため」というよりは「親の自己満足」のためなのです。

「そのままでいいよ」という「条件をつけない愛情」があるから、子どもはのびやかに育っていくのです。いい学校へ行ってほしい、いい成績を取ってほしい、礼儀正

そのまんまでいいよ…
太りすぎで走りが遅くても
PTA
手を上げられなくても
ハイ
ハイ
ハイ
成績表がパッとしなくても
あゆみ
○○小
やったー病欠ゼロやでー
友達がいて、いいやん
アハハハ…アホちゃうこいつ
なー
マンガ
小動物の世話が上手で、いいやん
カメきち、甲羅キレイにしてやるぞ
で、そのまんま17歳に！
相似形
本当にそのまんまなんですけど…いいんですかね

しい子に育ってほしいなどの要求が表に出過ぎると、子どもは健全な自尊心を育てられません。「そのままでいいよ」という「待つ」愛情が大切なのです。

たとえば、親が「偏差値の高い学校へ入ってほしい」と子どもに過剰に期待していたとしましょう。すると、入学後、自分の通っている学校より偏差値ランクが上の生徒の前では「劣等感」を感じるかもしれません。逆に、偏差値ランクが自分の学校より低い生徒には「優越感」を持つかもしれません。

優越感、劣等感は誰にでもあるとはいえ、やはり醜い感情です。そういう感情を親は一生懸命に教えているかもしれないということに気づいてほしいのです。

もちろん努力は必要ですが、子どもが「あるがまま」でいられるところがいいのです。

私は、市民マラソンに出場するような気持ちで子育てにあたってほしいと思います。入賞が目的ではなく、健康のためにマラソンに参加するというような心がけです。そうすれば、子どもが優越感と劣等感の間で苦しむ、というようなことは少なくなるはずなのです。

先日、私はM市の子ども劇場というグループに招かれて、勉強会に行ってきました。

二カ月に一回、子どもと一緒に劇やオペレッタ、オペラを観るグループです。以前は多い時で月に二回ぐらい観ていたそうですが、子どもたちのおけいこ事が多く、スケジュールを調整するのがむずかしくなった今では二カ月に一回になったそうです。

私は、せっかくいいものにふれて感性を育むよい機会なのだから、極端なことを言えば、その日一日ぐらい、スイミングでもバイオリンでも、おけいこを休んでもいいと思っています。

ところが親は絶対に休ませないそうです。一日休むと、ものすごく遅れるような気がするのでしょうか。その熱意は大変なものだそうです。それで二カ月に一回がやっとで、しかも欠席者が多いと聞きました。

「いい舞台を見ることによって、いいものが得られる」という感覚が親にないのでしょうか。休んだ間に隣の○○ちゃんがどれだけ進むかが気になるのです。これは恐ろしいですね。

でも親は「子ども劇場に行かせています。習い事もさせています」と得意げで、子どもにこれだけしてやっていると思っています。

家庭は子どもにとって〝心の基地〟

親子関係に問題を投げかけるという点では、オウム真理教などのカルトに子どもをとられてしまうという事件が起きたことは記憶に新しいでしょう。

私はある教会の牧師の紹介で、オウムの信者だった青年に三人ばかり会ったことがあります。

彼らに会ってみて思ったことは、親が「自分の勲章になるような子ども」にしようと一生懸命育ててきたのだな、ということです。そこに子どもの幸せを願う気持ちがないとは言いませんが、いい学校に入って、いい会社に入って……というルートにのせるのは、親の自己満足にすぎません。

私は、彼らの親達とは電話でしか話していませんが、どの親もみな、そのような気持ちを拭いきれなかったことが大きな問題だったと肯定しました。

自分の喜びのために、子どもにあれこれさせることは、子どもにしてみれば重荷でしかありません。

オウムの青年の多くは、親の期待という重荷を背負わされて生きてきたと言えます。ですから親を信じておらず、愛着も感じていません。むしろ、親から解放されたことで、ほっとしているのです。

ところが、人間は信じるものやつかまるものなしでは生きられません。そこでオウムのような団体に足を踏み入れることになるのです。

彼らはアイデンティティ（自己同一性。自分が一貫性を持った自分であることに対する自信）がきわめて乏しいのですが、それはアメリカの精神分析家エリクソンが言ったような意味での人格発達の道筋を歩んでいないからです。

成長過程で基本的信頼感を欠いて育つと、あのような反社会的な教義でも簡単に信じてしまうということを、オウムの青年達は私達に教えてくれました。

人間は本当の意味で信じるものを持たないと、つまらないものを信じてしまうのです。そうして心の安定を手に入れようとするのでしょう。彼らはオウムから離れられなくなっているのです。それなしには存在できなくなっているのです。

その姿は、母港（母なる港）を持たないで大洋を浮遊している船のようなものです。彼らは国籍不明の人間のように「心の基地」を求めて、さまよっているのです。

子どもはいつも〝成長に必要なこと〟を要求してくる

さて、子どもは、いつも「成長や発達に必要なこと」を要求してきます。今日は何が食べたい、ブランコに乗りたい、○○ちゃんの家へ遊びに行きたい、などという要求も、みな子どもの発達や成長に、基本的に必要なことなのです。

だから、子どもの希望に沿って育てたことで子どもがダメになった例なんて、私はまだ見たことがありません。

私自身も一人の親として子育てをしてきましたが、不十分さはおおいに感じていますが、基本的には子どもの望むことを中心にやってきました。また、職業柄、自分でいいと思った理論を多少修正しながら取り入れ、自分の子育てで実践してきました。自分でやりもせずに、人様にああだこうだと言ってきたものはありません。

一番上の子が大学を卒業する時に、母親とお茶を飲みながら冗談半分に、「パパは何でも言うことを聞いてくれるから、ぼくが運転免許を取って車がほしいって言ったら、買ってくれちゃうだろうね」と言ったそうです。

実際、子どもはそんな要求はしないだろうし、ほしいなら自分で買うと思います。ところがしつけを間違っていれば、多分「車を買え」と言うような子どもになるでしょう。

ですから、基本的に子どもの言うことを聞くけれど、こういうことはこうするべきだと思う時は、きちんと繰り返し伝えて、本人が納得するのを待ちながらじっくり話していけば、理解のある子どもに成長します。

こんな途方もない要求をするべきでない、でもあの親なら買ってくれちゃうだろうな、とむしろ家庭で冗談をとばすくらいになるでしょう。際限なく欲望を膨らますことなど絶対になく、きちんと自制できる子どもに育ちます。

ところが今は、親が子どもの希望をかなえるどころか、親が自分の欲求を抑制していません。自分の欲求をむき出しに子どもに伝える親が増えています。

子どもに早くこうなってもらいたいけれど、ゆっくり待ってあげようというのは、自分を抑制することです。

親が自制しないのに、子どもに自制する心を育てることなどできません。親が自制する姿を見て、子どもは自制することを学んでいくものです。

子育ては〝奥行きのある感情〟をプレゼントしてくれます

最近は男女平等にばかり気をとられ、育児に価値を見出せなくなってきているお母さん達が多くなってきているようです。

今の社会は原則的には男女平等で、学校では男女差はありません。就職してバリバリ働いている間も、男女差を感じることは以前と比べると少ないでしょう。それが突然、育児の段階でギャップに直面し、「どうして私ばっかり」と納得できない感情が出てくることが多いようです。

そして「こんなわりの合わない仕事を押しつけられて、嫌だ」と思ってしまうのです。こうしたお母さん達は「社会的風潮」に負けてしまって、マインドコントロールされているように、私には思えます。本当は「こんなに誇りを持って取り組める仕事はない」と自分で自分の心をコントロールすればいいことなのに、です。

今、女性にはいろいろな生き方の選択肢があり、自分が納得する道を選べばいいと私は思います。

ただ、それまで仕事をバリバリこなしていた女性であっても、赤ちゃんに母乳を与えているうちに極めて自然に母性感情ができてきて、新しい価値観で生きる人はたくさんいます。そうでない人もいますが、子育ては決して「損な仕事」とは考えない、いろいろな価値観の人がいるということを、きちんと社会は提示してあげるべきでしょう。

鳥飼久美子さんという同時通訳の方が、以前新聞にエッセイを書かれていました。彼女は、妊娠中に「自分は、同時通訳という、こんなに生き甲斐のある仕事を与えられたのだから、子どもが生まれても自分の仕事に支障をきたすことを最小限にくいとめなくてはならない」と考えたそうです。

そして、そのためにはどう育児をするか、どのように実家や夫、近所や保育園などの周囲に手伝ってもらうか、出産してから何週間で仕事に復帰するかなどを綿密に計画したそうです。

ところが、実際に子どもを自分の腕に抱きしめたとたんに、それらのプランが全部消えたそうです。全部やめてもいいと思ったそうです。こういうのが母性というのだろうか、とご本人が書いていました。

また、妊娠と出産を経験し、母乳で子どもを育てることで、「計り知れない奥行きのある感情が生まれる」と、エッセイストで共立女子大学教授の木村治美さんもおっしゃっています。

こうしたことは、一つの真実だと思います。百人が百人ともとは言いませんが、こういう感情を持つ女性は多いと思います。そして、その感情をどんどん育て、そのことに誇りを持ってもらえたらいいと思います。

次世代を担う子ども達を育てることは、とても社会的な価値の高いことなのですから。

「上の子より、下の子がかわいい」と思える時は——

子どもを自分のための勲章にしている親がいます。子どもが自己愛の対象、つまりペットになっているのです。

ペットの自立を求める飼い主などいません。自分の言うことをよく聞いて、かわいくあればいいのです。ペットだから、かわいがる時には無性にかわいがり、嫌になれば簡単に捨てるのです。飼い主はペットが仲間達とコミュニケーションしていくことなど、まるで期待していません。

子どもと相性が悪い親が随分増えてきた原因は、こんなところにあるように思います。自分が子どもに期待しているイメージのとおりに子どもを育てようとして、自分を子どもに合わせられないのです。

ある会合で、兄弟姉妹の中には、かわいい子とかわいくない子がいると感じる親が増えてきたという話が出たことがあります。

そして、その集まりに出ていた何人ものお母さんも、「実は自分もそうだ」と言われました。

その理由の一つに、やはり「自分の期待に応えてくれる子をかわいいと思う」という心があるようです。たとえば犬を飼う時に、「この犬はかわいいけれど、あの犬はどうも」というイメージがあるのに似ているのかもしれません。お母さん自身も、それがどうしてなのか、うまく説明できないでいます。「下の子はわがままだけれど、かわいい」という場合もあります。

私も、よく「上の子よりも、下の子のほうがかわいいと思える」といった話を聞きます。それは最初の子にやたらと期待をかけ過ぎて、子どもがそれに応えてくれなかったのに、下の子は期待しなかったにも関わらず、よく育ってくれた、などの思いがあるからかもしれません。

子どもを育てることは、とても価値のあることです。

私は、「自分がどう生きるか」よりも、「次世代の人々がどう生きるか」を思いやれる生き方のほうが、人間的な価値があると思います。だから、美しい自然を残そう、地球環境を守ろう、野生動物を保護しようといった動きは、次の時代を考えた価値のある運動だと思います。

ただ、それよりももっと大切なのは、「次の時代を生きる子ども」をどう育てるかです。

たしかに、たとえばダイオキシンが出ないようなゴミ処理法を研究するのは、価値の高い仕事だと思います。しかし、次の時代を作る子どもを育てるということは、それ以上にやり甲斐のある、価値の高い仕事であることを、ぜひお母さん方に認識してほしいのです。

子育ては、収入には結びつかないかもしれません。そして、現代人は経済効果がな

子どもとの 相性……あります
昔、母にこんな質問をしたことがありました
3人の子のうち だれが一番 好き?
そのたびに母は…
3人とも同じくらいかわいいか!
と、キッパリ!
何度聞いてもそう答える母でした
女手一つ、よけいなこと考えるヒマなどなし…
私はといえば…やっぱ二男との相性がぴったりかも?
あんたと結婚したかった
迷惑
←なんでもハッキリいう
長男はクールで何考えてるのかわかりづらいので
おでかけ?
メシまでに帰る…
長男の好きなメニューで一生懸命気をひく母……
まるで片思いの気分♥
うふっ
子離れしなはれ
夫→

いことには価値を認めない風潮に流されています。

しかしこれからは、子どもを育てていくのがどんなに価値の大きいことかを社会全体で認識し、税金の使い方などにも思い切った政策が必要だと私は思っています。三人、五人の子どもと一緒に電車に乗れば、皆が拍手をするような社会なんて、いいと思いませんか。親達は、本当に価値のあることをやっているのですから。

私は、日本という国全体が情けない方向に進んでいるように思えます。人間の質がどんどん悪くなる方向に行っているような気がします。

私は三十年も前から同じようなことを提言していますが、とにかく言い続けていれば、どこかで時代の利を得て、大きく反応する時がくると信じています。ここでも最善を尽くして「待つ」しかないと思っています。

三歳児「神話」と三歳児「実話」

最近、「三歳までは母親の手で育てよう、子どもが三歳になるまではお母さんは子育てに専念して」という「三歳児神話」が否定され始めてきています。

でも、私は三歳児「実話」もたくさんあると思います。神話の部分もあり、実話の部分もあるのです。

問題は三歳までに全てが決まってしまうと、基準を三歳児と決めつけるところにあると思います。これは比喩的、象徴的な意味にとればいいのです。

たとえば、自国語以外のある言語をネイティブ並みに習得できるかどうかは、多少の個人差はあっても、やはり九歳や十歳といった一定の年齢が限界になると思います。大きくなってから、いくら外国の言葉を勉強しても、完璧なバイリンガルにはなりません。

同様に人に対する豊かな信頼感、自分に対するゆるぎない自信といった「感情の基盤」は、早期の子育てにおいて培われます。そのことを象徴的に「三歳児」と言っているのであり、そこに「三歳児実話」があると思います。

しかし、それはただ、お母さんが家にいさえすればいいと言っているわけではありません。お母さんが中心になって、あるいはお母さんができない時は誰かが代わってやればいいのです。そして基本的信頼感は保育園の保母さんでも育むことができるのか、といったことを含めて、「三歳児実話」はこれからの課題です。

子育てにはお金もかかりますし、自分の時間は少なくなるでしょう。けれども、子どもを育て上げれば、後は自分のやりたいことができます。いい人生が待っているのです。

「甘え」と「わがまま」の境界線はどこにある？

子どもは小さい時は気まぐれです。「やきそばが食べたい」と言うから用意すると、食べる時になって「ぼくは本当はスパゲッティがよかった」などと言い出します。

そんな時、私の妻はすばやくスパゲッティを作ってあげていました。そうやって子どもの要求を満たしてあげると、子どもの笑顔がとてもいいのです。その笑顔に母親は報われているわけです。

そうすると、子どもはその次もわがままな要求をするかというと、そんなことはありません。子どもは、「お母さんは、ぼくの言うことをちゃんと聞いてくれるんだ」と安心するのです。安心すれば、あとはわがままを言いません。そこを間違えないでほしいのです。

毎回、こんなわがままを言われてはたまらないと心配して、「わがままを言わないでやきそばを食べなさい。嫌なら食べないでおきなさい」と言ってしまうと、子どもはいつまでもぐずぐずした感情を持ち続けます。

この件については、私自身が子どもたちに実験してみてわかったのです。

イギリスの医師ジェンナーが天然痘を予防する種痘《しゅとう》についての実験をわが子でやったように、私も自分の子育ての中で、あれこれ実験してみました。ある意味でうちの子ども達は、彼らに内緒ですが、多少実験的に育てられています。

甘えとわがままのバランスについては大変むずかしい問題です。

しかし、親が子どもの甘えを拒否した分だけ、子どもの自律を損なうというのは確かです。

お母さん、子育てはこんなに「価値の高い仕事」です！

自分の子どもを育てる以上の生き甲斐は、私にはありません。また、日本人の男性はあまり口にしないことですが、私は妻を一番大切にしています。そして子どもを大切にし、あまった力でよその子ども、よその家族を大切にしています。まずは自分の子どもと家族を大切にすることが重要だと考えています。

私は医者の卵の人達によく言います。

自分の家族を顧《かえり》みないでやっている医療なんて偽者だ、そんなのは自分の名誉欲のためにやっているだけだ、と。

自分の子どもを一生懸命に大切にすることの延長線上に、医者であれば患者を大切にする感情が、教師であれば生徒を大切にする感情が、仕事を大切にする感情がある。それが本当のあるべき姿だと思います。

自分の子どもを放っておいて仕事をしても、大したことはできないと思います。こういうことを、もっと多くの人に感じてもらいたいのです。

女性が仕事を持つのはすばらしいことだと思いますが、一人の子どもをきちんと育てることがいかに価値のあることかに気づいてほしいのです。

家で子育てをしているお母さん達は、外で働いている人達がうらやましく思えるかもしれません。

最近は出産前に外で働いた経験を持つ女性がほとんどだと思います。もちろん、外の仕事が楽しくて仕方ない、価値あることだと思う人はいます。そう思う人は、それでいいと思います。しかし、そうでない人には、子育てという、もっと価値のある仕事があるのです。

育児に専念すると、社会から取り残されていくような気がするとおっしゃる人もいますが、そんなことは全くありません。育児サークルに参加するのも、ＰＴＡの役員を引き受けるのも社会参加なのです。

子どもを持つということは、本来は豊かなことなのです。それが最近は、子ども一人を成人させるのに教育費などで三千万円もかかるといった試算がマスコミなどで取り上げられたりするように、経済的なデメリットばかりが強調されがちです。

本来は、この点は国が保障していくべきことでしょう。

子ども達は将来大人になって社会を作っていくのですから、子どもは国を潤すという発想を持ってほしいのです。そして子どもをたくさん育てている人に対して、みんなで感謝する世の中になってほしいと願っています。

「子育て以上に社会的に価値のある仕事を私は知らない」という言葉を、ひそかにではあるけれど、私は絶えず言い続けています。

「この子の将来のために」は、本当に「子どものため」？

先ほど、親が子どもを自分の勲章、親のブランドにしてしまうケースがあると書きましたが、これはスポーツや芸術の世界でもよく見られることです。

たとえば私が東大で勤務していた頃、東京藝術大学の学生もよく診療しました。美術学部の学生を診療することはめったにありませんでしたが、音楽学部の学生は多かったものです。

なぜなら美術系の学生はほとんどが自分で進路を決めて入ってきます。親がわが子を小さい時から画家に育てようとするのはまれだからです。

ところが、楽器は幼い頃から地道な練習を積み重ねなければ一流になりにくいものです。そこで音楽学部では、親が自分の子を演奏家にしようとし、自ら訓練士のようになって育ててきたケースが少なくありません。

親は「親の役割」をしなければなりません。

ところが、今はどの親も教師や訓練士に近いことをやろうとしているから、むずかしいことになるのです。それもお母さんが訓練士になったほうが危険は大きくなります。お父さんがなるほうが、まだましです。

子ども時代とは「大人になるため」ではなく、「子ども時代を生きるため」にあるということに、大人が気づかないといけません。誰かが「人生は少年時代を生きるためにある」と言っていました。いい言葉ですし、真実だと思います。

子ども時代を心豊かに生きられれば、生涯を健全に生きられると思います。反対に、「将来のため」と称して子ども時代を犠牲にしてしまったら、一生を棒にふるような気がします。

多くの人達に本当の「親の役割」に気づいてほしいと思います。

たとえ、お父さんが指導者であっても、お母さんが母親としての役割をきちんとしていれば、基本的には大丈夫だと思います。ところが両親がそろって訓練士になったら、子どもはやすらげる場がなくなります。

特にお母さんが訓練士になった場合、子どもの心がすさむ傾向にあるのは、どうにもならない現実です。これだけは、ぜひ知っておいてください。

第5章

親も子も「幸せな人生」をおくるために

――親の〝後ろ姿〟、子どもはちゃんと見ています

1 子どもの上手な叱り方、下手な叱り方

叱る時は比較しない、感情的にならない

子どもは、信頼していない人から叱られると傷つきます。反対に信頼をしている人から叱られると納得できるのです。日頃、子どもの欲求をよく満たしてやっている親は、叱るにしても、しつけをするにしてもうまくいきます。

しつけの上手な親は、子どもの言うことをよく聞いてあげる親だと言えます。話を聞いてもらったり、願いを叶えてもらったりしている子どもは、親に信頼感を持っていますから、叱られても屈辱を感じませんし、プライドが傷つかないのです。

自尊心を傷つけないということを、もう少し具体的に言いますと、他人と比較して

はいけないということです。「お兄ちゃんのくせに」とか、「お兄ちゃんと比べてお前は……」とか、比較してものを言ったり叱ったりするのはよくないのです。

「お前が悪いのはこういうところなんだよ」と失敗やいたずらの内容を具体的に指摘して注意するのはかまいません。

しかし「A君はできるのに、お前はダメだ」「お兄ちゃんは、お前の年齢にはできた」……。こういう比較は最悪と言うほかありません。

親の叱り方に〝一貫性〟があるから、子どもも納得できる

一貫性がない叱り方も困ります。いつもは禁止しているのに、親の気分でお目こぼしをしたり、反対に虫のいどころが悪くて叱る。この前は黙って見過ごしてくれたのに、今日は見過ごさない。こうした態度は避けたほうがいいのです。

つまり、「こういう時は叱る」という基本的理念のようなものを親は持つ必要があるということになります。

子ども達の立場から見ますと、こういうことをすれば叱られる、こういうことは叱

られないという安心感がなくてはならないのです。

これは、親がしっかりした姿勢を持っていれば、小さな時期から理解できます。三、四歳からでもわかるでしょう。

しつけというものは、子どものプライドを傷つけないように、こちらの価値観を教えることです。

つまり社会的に歓迎されたり承認されたりする行動を、親の価値観でろ過して、子どもの自尊心を傷つけないように伝えるのがしつけになるわけです。

ですから、親はどういうものの考え方をしているのかということを、折にふれて子どもに伝えておくことが大切です。

そして、この時には両親の価値観は一致していないとまずいのです。ただし、「これはお母さんはきっとダメだけど、お父さんなら認めてくれるだろう」とか、「お父さんはOKしてくれないけれど、お母さんならわかってくれるだろうな」という程度のことはあってもいいと思います。

要は、両親の価値観が一致していることが基本となります。

大切なのは「なぜ叱られているか」わかるように叱ること

では、私自身の子どもにどういう価値基準でしつけをしてきたかということを書いてみたいと思います。

幼児期に、私の家庭では二つの基本的な方針を打ち出しました。一つは弱い者いじめは絶対にいけないということ。もう一つは盗みは決してしてはいけないということです。

兄弟のおはじきやビー玉をちょっと取るとか、置いたままの十円玉を盗むとか、盗み心というのは誰にでもあるものなのです。ですから、親はお金や財布を無造作に置いておかないように注意することが必要ですし、また置いてあっても盗まないようにしつけることが大切になります。

ひどく叱るか軽く叱るかの違い、つまり「叱り方の迫力」で子どもはどれくらい悪いことをしたのかということを理解します。ですから、つまらないことでひどく叱ると、大事な時の叱り方が子どもには理解できません。

私には三人の男の子がおりますが、ある時、そのうちの一人が兄弟のビー玉を一個失敬してしまった時、私は厳しく叱ったことがあります。また、一人がブドウを食べていておいしかったのか、他の兄弟の一粒、二粒をちょっと失敬してしまったことがありました。これもささいなことですが、厳しく叱責しました。

こうしてしつけますと、親が財布をしまい忘れても盗まない子に育ちます。

親は何に対して一番大切な気持ちを持っているかを常に教えることとです。

時に優しく時に厳しく……メリハリをつけて叱ると〝効果大〟

厳しくしつけるといっても、親は日頃から子どもの要求をよく受け入れてあげる態度が必要です。私は、弱い者いじめと盗みには厳しく対処しましたが、たとえばインクを床にこぼしたり、転んで洋服を汚したり、障子を破ったりしても一切やかましいことは言いませんでした。

わざとインクをこぼすことはないからですし、子どもがこぼすようなところにインクを置いたほうにも責任がないとは言えません。ですから、この次からは気をつけるようにと言うだけで、不注意に対しては叱りません。すると、本人も次は失敗しないように注意するのです。

ところが年齢が下の子や弱い者をいじめるとか、ものを盗むのは不注意ではありません。計画的な行為です。衝動的であったにしても、かなり計画的なものです。

昔の話ですが、私の子どものうちの一人が二十円か三十円か、家のお金を盗ったことがあります。小遣いに足してスナック菓子か何かを買ったのです。その時も、私はすごく怒りました。

そして「お父さんも一緒に行くから、おまわりさんに謝りに行こう」と交番へ連れて行きました。悪いことをしたという「けじめ」をはっきりとつけたわけです。

親が何を嫌い、どういうことなら平気でいられるか、メリハリをつけるのが大切だと思ったからです。そうして、こうした場合、特に父親の役割は重要です。

父親の役割、母親の役割――分担するからうまくいく

母親は、子どもが家の中でボール投げをしたと言っては叱り、粘土遊びでじゅうた

んを汚したと言っては叱ります。実は、母親は叱るというより注意をしている感覚です。しかし、母親に叱られたら父親のところへ逃げていけるような父子関係が必要です。

決していいとは言わないが、「大目に見てやろうという」父親の姿勢が必要なのです。ということは、父親と母親がどのように子育てを分担しているか、これが明確になっていますと、母親は感情的にならずに安心して子どもに小言が言えるのです。もう一つ大切な点は、父親がひどく叱るようなことを子どもがしでかした場合です。このような時、父親が徹底的に叱るのがいいかと言えば、必ずしもそうでない場合もあるのです。

母親が先に気がついて、「お父さんに見つかったら、どんなことになるかわかる？」と言うだけで、十分に叱っていることになるのです。

もちろん、いろいろな要求に快く応えてくれる大好きなお父さんであることが前提ですが、「お母さんの胸の内にしまっておくからね」と言って、父親にそっと伝えておく。このように、しつけというのは夫婦の価値観が一致しており、「あうんの呼吸」と言っても過言ではないような夫婦の連携プレイが何よりも大切なのです。

"意欲的な子ども"に育てる言葉のかけ方

さて、「叱ること」と「注意」は違います。感情的にものを言えば、「注意」でも叱っているように聞こえます。「なんでひじをついてご飯を食べるの！」ではなく、「ひじをついてご飯を食べるのは、みっともないからやめなさい」と、穏やかに言ってあげるのが注意です。

普通の会話の中で、自尊心を損なわずに意欲的にものごとに取り組んでいけるように促すのが、注意のコツです。感情的に対処するのはへたな叱り方と言えます。まして、子どもを屈服させて親の願いを達成するのは最悪で、とてもしつけとは言えません。

繰り返しになりますが、親の価値観でろ過して、自尊心を傷つけずに、むしろ意欲的にものごとに取り組ませていくのがしつけです。

その意味で子どもを叱る場合、怒るより、親が悲しんでいると伝えるほうが効果的だと思います。「お前がこんなことをするのは非常に残念だ」と。

また、母親はこまごましたことを感情的に注意しますが、こうした時に父親も輪をかけて叱ることはよくありません。ますます子どもを袋小路に追いつめ、結果としては屈服させることになってしまうからです。

反対に、父親が叱っている時は、母親は子どもを救済してあげようという姿勢が必要です。

救済するというのは、「お前のしていることは正しい」という意味ではありません。むしろ、お父さんに叱られるのは当たり前だ、だけど救ってあげようと思う心情です。

このように叱りますと、その瞬間はしょんぼりしていますが、やがて意欲的にやってみようという気持ちにさせるのです。

ですから、夫婦は普段から役割分担を申し合わせておき、何をいけないとするか各家庭で決めておくとよいでしょう。幼児期にきちっとしておきますと、後でラクなのです。

〝いい子〟ではなく、「その子らしい輝きを持った子」に

とても興味深いことですが、子どもに手をかけてあげる習慣の少ない母親のほうが、叱ることが多いようです。また、子どもを自分の思い通りに育てようという心持ちが強ければ強いほど叱ります。

しつけは、子どもの欲求を十分に聞いてあげ、基本的信頼感が土台にあるからこそうまくいきます。「ママ、どうしてそんなに怒るの？」というのは、子どもが親の言うことを聞かないということと、親も子どもの言うことを聞いてこなかったという表裏一体の関係になります。

赤ちゃんの時代は、赤ちゃんの欲求を一〇〇パーセント聞いてあげることから始まります。それが、やがて幼児期となった時、家庭の中で小言や注意をせずにすむ〝いい子〟だったら、これは大変な問題です。

人間には様々な欲求や欲望があります。それをぶつけ合っていけば、〝いい子〟でいられるはずがありません。また、それを自由に出せる家庭が何よりも大切です。

ですから、子どもの言うことを聞いてあげよう、子どもが望む親になろうという気持ちから出発すれば、同じ叱るにしても、子どもの意欲や自立を育てていることになってくるのです。

今、家庭の中でさえ緊張を強いられている子どもが増えています。上手な子育てというのは、子どもの言うことを聞いてあげられるかどうかにかかっている、ということが言えると思います。

2 テレビとのつきあい方、工夫してますか？

テレビは〝子どもとの会話のだし〟に使う

「子どもがテレビばかり見て困る」という相談を受けることがあります。「テレビと子育て」というテーマで考える場合、まず言えることは、「テレビの嫌いな子はいない」ということです。この事実を大人は、念頭に置いておかなくてはいけません。

今日、テレビのない生活は考えられません。現代生活の中では、テレビは当然あるものという前提ができあがっています。テレビの影響の是非が問われていますが、現代っ子が抱えている最大の問題は〝社会性〟の乏しさであって、テレビ是非論を論議する際には、この社会性の欠如という視点をきちんと踏まえておくべきだと思います。

子ども達は「共通の話題」とか「共通の感情」などを持って交際するものです。その中で、現実問題としてテレビの話題はもっとも欠かせないものだと思うのです。ですから、テレビを見せることはためらわなくてもいい、と私は思います。

私自身も、時間がある限り、子どもが非常に喜んで見ているテレビは一緒に見ます。『ドラえもん』や『忍者ハットリくん』などはよく見ました。はじめから終わりまでは見られませんが、たまたまその場に居合わせれば、子どもが好きだと言っている番組は、見るようにしています。

そうして、番組に対する感想を言います。子どもと対話をするわけですね。結局、テレビを〝だし〟にするわけです。親の発想や感想を、きちんと子どもに言っておく必要があると思うからです。テレビを通して、子どもとの共通のコミュニケーションが生まれることが望ましいのです。

ですからテレビについては、その功罪を取り上げるのではなく、テレビの活用の仕方、見方を中心に考えていくほうが現実的だと思います。

"子どもの世界"に親もワープしてみる

また、「テレビの刺激が強すぎる。子どもより、見ている大人のほうがハラハラする」といった話も聞かれますが、私はこんな番組を見せてはいけないということは、あまりないと思います。

子どもの目を覆うことは、できないのではないでしょうか。何でも宣伝や広告の時代ですから、テレビだけでなく、映画や映画の看板、雑誌、マンガ本など、子どもの目にふれさせたくないものを大人が取捨選択できない時代です。

大人が認識しておかなければならない大事なことは、放送されたり宣伝されたりしているものは、子ども達も見るものだということです。だから親は、目をそらさずにきちんと見ておくこと、面倒がらないで見ておくことが必要ですね。

その上で「お父さんはこれに対してはこう思う、お母さんはこう思う」など、親がきちんと反応することが大事です。親の価値観を示すのです。

また、子どもが幼児の時には、「子どもの世界」に親ものっていくのがいいでしょう。これはテレビだけではなく、子どもの生活全般にわたって言えることです。

子どもが「ウルトラマン大好き」なら、お父さんもお母さんも「ウルトラマン大好き」「シュワーッチ！」とのってあげるのです。大切なことは、子育てを一緒に楽しむことなのですから。

実際、いろいろな番組がありますが、幼児の場合、悪影響というのはないと思っていいでしょう。社会的にみっともない行為をまねしてみたり、口にしたり、歌ったりすることもあります。しかし、意味がわかっていないから、言ったり、まねしたりするのです。

意味がわかる頃には、そんなことはテレビで覚えるより、どこかで覚えてしまうものです。

そして、この時期の子ども達は、あらゆることを吸収しながら成長していくものです。よい番組ばかり見せる、という純粋培養型の子育ては感心できません。テレビを通して笑い合ったり、言い合えることが何よりも大事なことです。子どもと一緒にテレビを楽しむ姿勢を常に持っていてほしいと思います。

こんな時、無理にスイッチを消す必要はありません

また、食事の時にテレビを見せる、見せないというのも、それほど問題ではありません。なぜかというと、食事の時はテレビを消すものだとなると、急いで食べてしまう傾向があるからです。あるいは今、面白いテレビをやっているから食事は後で、ということでトラブルが起きてしまいます。

テレビが大好きという子どもにとって、その番組を見ることは仲間と話題作りをすることでもあります。だから、むやみにスイッチは消せない。そうした場合にはテレビを見せたほうがいいと、私は積極的に思います。

子どもが見たいテレビ番組を消して食事をしますと、子どもはフラストレーション（欲求不満）を持つことになります。

大人は理屈ではうまいことが言えます。「ゆっくり食べなさい、だからテレビを消すわよ」と。

しかし、子どものほうはゆっくり食べることがイヤで、我慢して食べているのです。

今、テレビでこんなに面白いのをやっているのに、と思いながら食べているわけです。

それから、この頃の子どもは食事をあまり喜びません。普段からおいしいものを食べているからです。食べることに夢中だった時代とは違います。空腹というものがないのです（思春期や、前思春期などは別で、食欲旺盛です）。

幼児期の子どもというのは、食事があまりすすみません。だから、食事の時はテレビを消す、食事が終わってからしかテレビを見せない、こういう食事は大変に味気ないものです。

テレビを肯定的に受け止め、受け入れたほうがいいと、私は思っています。けれどもテレビがあるために親子の会話がなくなってしまうとか、各人が個人的にテレビとつながっていて、家族がバラバラだというのはまずいですね。

小さい子を持っている家庭の食事の時間は、小さい子の気持ちを考えて工夫してあげることが大切なのです。

ただし、幼児期の子が一人でテレビを見るというのは、あまり感心しません。ですから、この時期に子ども部屋にテレビを置くというのは、避けたほうがいいでしょう。

家族と一緒にいる部屋に置き、「子どもが見ているテレビ番組は親も知っている」ということが大事です。

子どもが面白がる気持ちを、親もわかってやることです。クイズ番組に一緒になって興じることも必要ですね。

けじめが身につく子に育つ〝テレビの見方〟

また、「テレビばっかり見て」とよく親は子どもに言います。勉強しなさい、家の手伝いをしなさいという意味の他に、生活のリズムの乱れを心配しての声だと思います。

私は「テレビばっかり見て」ということについては、見る時間帯をできるだけ決めてあげたらいいと思います。けれども、テレビを消した後が問題です。テレビを消した後、その子は一体何をしたらよいか、これが大事ですね。

「テレビを消して本でも読んでくれたらいいのに……」。しかし、それは親の理想あるいは期待であって、実際はそんなふうにはいかないでしょう。子どもにとっては、絵本より、はるかにテレビのほうが面白いのですから。

テレビを消して絵本。こういう発想ではダメですね。絵本というなら、親が一緒に見てあげなくてはダメなのです。玩具遊びにしても、よほど上手に親がつきあうことです。

また親が「テレビでも見ていなさい」と子守の代わりにテレビをつけっ放しということがあります。けれども、原則としてテレビに子守はさせられないと思います。幼児期は親の目の届くところに子どもがいるのがいいのです。家事をしている親の姿が見られるところにテレビが置いてある。こういうセッティングがいいですね。

友達遊びが充実していれば〝テレビに夢中〟でも心配ありません

「親が子どもに用事を言いつけても、テレビに夢中になっている」という相談を受けることもあります。

大事なことは、「親が子どもに用事を頼む場合は、絶対にしてもらわなければ困るんだ」ということを〝しつけ〟ておくことです。どうでもいい時に親が子どもに頼むのはいけません。「頼んだ時は絶対なんだ」ということです。

テレビを野放図に見ているとか、いっそ押し入れにしまいたいと思う時は、大人の生活そのものが野放図で〝でれでれ〟しているのです。だから、子どももきちんとしていないわけです。こんな場合にテレビを隠しても、何の〝しつけ〟にもなりませんし、むしろマイナス面が出てくると思います。

テレビで子どもがひどく堕落するということはありません。堕落している時は、テレビがなくても堕落しているものです。

今の子ども達はテレビをよく見ますが、その分だけ友達と遊ぶことが少なくなっています。友達よりテレビのほうが面白い、こうなったら大問題です。

また、テレビを見るのは、他に楽しみが発見できないからです。大人だったらパチンコにのめり込むとか、競馬をするとか、酒を飲むといったことと同じなのです。

友達が得られないから、子どもはテレビを見るのです。仲間と語り合う酒は本当に楽しいのと同じように、子どもも友達と共感し合った生活、これが一番楽しいのです。

3 子どもの笑顔が輝く〝食事の工夫〟

健康なら「食べる量」は気にしなくていい

ある本によると、幼児期の半分ぐらいの親が「子どもの食が細い」とか「食べるのが遅い」と心配しているそうです。

その背景には、子どもが健康で早く大きな体に育ってほしいという親の願望があるからでしょう。そのために、たくさん食べれば早く大きくなると思っているので、食べ方が少ないとか、食べないということが気になるのだと思います。

まず、何を基準に「食べ方が少ない」と言うかが問題です。子どもには身体的に大きく成長する時期があります。自治体や保育園、幼稚園の検診では身長、体重、胸囲などを計測しますが、その成長曲線（カーブ）が正常の範囲内に入っていれば「食べ方が少ない」ということはないと思います。

このカーブを一つの基準として、大きくなっているか、大きくなっていないかを見れば、健康か健康でないかがわかるわけです。健康であれば、少食でも心配する必要はありません。カーブがちっとも大きくなっていかないとか、下がっていくような時は病気も考えられるので、専門医の診察が必要です。

また、食べる量が少ないと体力がつかないのではないか、食べるのが遅いと園や学校で時間内に食べられなくて困るのではないか、と心配する親も多いようです。

食事というのは楽しくなければ食が進みません。食事は人生の中で、とても大きな楽しみの一つです。けれども、教育者や教育に熱心な親達は、食事の時間に教育をしようという間違いをしがちです。食事の時にマナーを教えたり、好き嫌いを直そうとしたりなどのしつけをしようとするのです。

立派な教育者であれば、どうしたら楽しく食事ができるかを第一に配慮すべきです。食事を楽しくする条件を満たした上で、できるだけたくさん、内容の豊富なものを食べるように考えればいいですね。食事の時間にこと細かい注意を受けたり、教育のために頭を使いすぎたりしては、食べる意欲もなくなるでしょう。

これはトイレット・トレーニングと全く同じことです。

排泄物を汚いと感じる親の子どもは、トイレにマイナスのイメージを持ち、オムツの取れるのも遅くなります。反対に、失敗しても、悲しいこと、ダメなこと、不快なことと思わない親は、トイレット・トレーニングが上手です。トイレそのものに暗いイメージを与えなければ、子どもは意欲的に取り組むのです。

"楽しい食卓"こそ子どもにとって最高のごちそう

いかに食事を楽しくするかに関心のある親ですと、その子どもは食事に対してプラスの明るいイメージを持ちます。しかし、親が期待するものを期待する量だけ食べさせることばかりに関心が集中していれば、子どもにとって食事は楽しいイメージにはなりません。

それは、赤ちゃんの授乳であってもそうです。赤ちゃんは、お母さんに抱かれてやすらいでいられる状態で授乳してもらうほうが心地いいのです。そのために最大の配慮をしてあげることが大切でしょう。親のペースに合わせたり、親の安心のためだけに無理やり飲ませたりすれば、赤ちゃんは授乳が苦痛になります。

離乳食を強制するのも同じことです。これが体にいいメニューだとか、これだけ食べればいいという親の勝手な既成概念で、無理に押しつけようとすると、子どもにとって食事は楽しい時間でなくなり、最小限ですませたい気持ちになるでしょう。

食事の時間は、訓練や教育の時間ではないのです。どうしたらやすらいで楽しく過ごせるかに最大の配慮が必要です。意欲的に食事ができるようにすれば、イヤイヤ食事をして遅くなることもなくなるでしょう。

子どもの少食と偏食、あまり心配しないで

また、偏食の心配も不要だと私は思います。栄養面を考えた献立を用意することは大切ですが、特に幼児期は、あまり神経質にならないようにしてください。偏食を直そうとすると、食事が苦痛になり、かえって少食にしてしまいます。

偏食だと病気になるのではないかと心配するお母さんがいますが、子どもが偏食の

ために栄養障害になることは、よほど食糧事情の悪い特別な時代や場所でない限りありません。

食べるものがなくなり、飢餓状態になれば、好き嫌いを言っていられなくなるので偏食はなくなります。現代は、食べるものがたくさんあり、選ぶことができますから、偏食の子が多いのです。

食べ物が豊富にある環境では、数多くの食材の中からそればかり選ぶので一見偏食があるように見えますが、食事のバランスが崩れることはほとんどありません。

なぜかというと、人の体は不足しているものをおいしく感じるようになっているからです。糖が不足していれば糖を、たん白質が不足していればたん白質をおいしく感じるというように、体に不足しているものを取り入れるように味覚ができているのです。

汗をかいた後は塩分や水分を、激しく運動した後は早くエネルギーに変わる糖分がほしくなるといった具合に、体がきちんと要求してきます。

特に野菜を食べないことを気にされるお母さんも多いようですが、緑のホウレンソウや赤いニンジンの中だけにしか大切な栄養素がないわけではありません。まして、味気ない生野菜や青臭い野菜の中から取らなくても、甘くておいしいフルーツの中から同じ栄養が取れるのであれば、それでもかまいません。

ホウレンソウ、ニンジン、ネギ、ピーマンなどは、子どもにとってよい香りや味覚ではありません。大人が好むショウガ、ミョウガ、パセリ、セロリなどは、子どもからすれば異常な味覚なのです。

"食事に意欲的な子"に育てるコツ

現代の日本では、偏食で子どもが栄養障害を起こすことはほとんどないのですから、おいしいもの、好むものから食べていけば楽しい食事ができます。そして、原則として偏食ということにこだわらず、気持ちはバイキングの発想にしたらいいと思います。そうすれば、子どもも食事に意欲的になっていくでしょう。

バイキング・スタイルの楽しい雰囲気の中で好きなものから食べていれば、年齢が高くなった時に、ほんの少し嫌いなものを組み入れても食べられるようになります。そのためにも、食事の時間は楽しい時間にしておくことが大事です。

楽しく、おいしく食事をすることが第一ですが、まわりの人も楽しくなくてはいけません。たとえば、食事のマナーは何のためにあるかと考えた場合、まわりの人を不快にさせ、おいしさを失わせてしまうことがないようにするためです。

たとえばクチャクチャ、ズルズルと変な音をたてて食べるとか、手づかみでグチャグチャにして食べるような、周囲の人を不愉快にする食べ方をしないことです。しかし、赤ちゃんはグチャグチャと手づかみにするのが当然で、これを禁止してはいけません。楽しく好きに食べさせてあげましょう。

小さい時から、過剰なマナーは必要ありません。楽しい食事ができるようになってから、基本的な最低限の社会的ルールを教え始めても遅くないと思います。

食欲旺盛な子、少食な子——体質がこんなに違うのです

また、体質によって、もともと少ししか食べられない子もいます。

食事の早い子は、一般に唾液、胃液、腸液、すい液などの消化液がたくさん出ますから、消化力が旺盛です。だから、たくさん、早く食べられます。

一方、消化液の出にくい子は、まず唾液が出て口に入れたものと混じるまで、いつまでも口の中で噛んでいなければなりません。

食事の速度は、本人の持って生まれた体質、消化能力に関係があるのです。消化液のたくさん出る子に、いつまでも噛んでいなさいと言っても無理ですし、唾液の出が少ない子の食事が遅くなるのは、仕方がないのです。

消化液の出が少ない子は、たくさんの量を食べても消化できません。無理にたくさん食べさせれば下痢をするだけです。そんな子に、たくさん食べさせようとすれば、食事の時間は苦痛になるだけです。適量を食べてすっかり消化すれば、十分に食事の量は足りているのです。

いつも〝楽しい予感〟でいっぱいな子は食欲もある

最近は朝食抜きで登校する児童が増えているそうです。朝は食事が進まないという子どももいるようです。そうした子どもは、まず睡眠不足が考えられます。起きたばかりでは、まだ体が眠っているので体が活動しません。まして、睡眠が不十分な場合は、頭も体もはたらきません。

また、その日に「楽しい予感」がないから食事が進まないことも考えられます。一日が楽しい子は朝の目覚めもよく、意欲的ですから、体の目覚めもいいので胃も早く活動し、食欲も出ます。朝の目覚めの悪い子には、「楽しい予感」を持たせてあげるような親のはたらきかけも必要でしょう。

また、幼稚園などに持たせるお弁当には、子どもの一番好むものを入れてあげましょう。すると、お弁当が大好きになり、残さず全部食べられるでしょう。

そのうち、子どもの嫌いなものをほんの少し入れたとしても、お母さんが好き嫌いを直すために入れたのだということが理解できるようになり、頑張って食べるようになるでしょう。

また、夕食が少ししか食べられないというのは、おやつが多すぎることが考えられます。しかし、夕食は寝る前の食事です。今日一日の活動が終わって休息に入るわけですから、あまりたくさん食べる必要はないのです。

食事の時間を楽しいものにすれば、食べない子はいなくなると考えていいと思います。食事は制限したり強要するものではありません。残したからと罰を与えたりしては、食事の時間が苦痛になるだけです。好き嫌いをなくそうとか、幼児期から几帳面すぎるマナーをしつけようとする教育が、かえって悪循環となっているのです。

親が子どもに食べさせるという発想でなく、子どものためにどんな食事を作ってあげようか、どんな調理をすれば子どもが喜んで食べるかという気持ちが大切です。食事を作り、そして一緒に食べることは人間同士の共感です。

楽しく意欲的になれば、イヤイヤ食べることも、グズグズ遅くなることもなくなります。食事が楽しみになります。たくさん食べなくても、その子の体に十分足りていれば、順調に成長していきます。

体質的なことも考え合わせながら、乳児期から、楽しい食事ができるように配慮することが何よりも大切だと思います。

4「子育てと仕事の両立」について

子どもと過ごす時間――「量」より「質」が大切です

ここでは、働いているお母さんへのアドバイスを書いていきます。

働いているお母さんは、いわゆる専業主婦のお母さんと比較すれば、仕事量が多いのは事実だと思います。

専業主婦のお母さんも育児のかたわら家事労働がいっぱいありますから、決して暇というわけではありません。しかし、たとえば正社員なら職場の仕事は一日八時間は確実にありますから、働くお母さんはどうしても専業主婦のお母さんより子どもに接する時間が少なくなるのは否めませんね。

働くお母さんの多くは「仕事から帰ってきたら、子どもの喜ぶ夕食を作ってあげよう、夜は絵本を見ながら一緒に寝てあげよう」といろいろなことを熱心に考えることでしょう。しかし仕事の疲労から、ついイライラしがちになり、子どもの希望を無視しがちになったり、叱ったりするので、ささいなことでつい負い目を感じるお母さんも少なくないようです。

また、家事を合理的、効率的に工夫している人も多いのですが、子どもやご主人に対して、何か肝心な点で手抜きをしたり、犠牲をしいていたりしないだろうか、というような罪悪感さえ抱くお母さんもいるようです。

働いているお母さんは時間的な制約もあって、子どものいろいろな欲求に十分応じてやれないと、負い目を感じやすいかもしれません。

しかし、子どもと一緒に過ごす時間は「量」より「質」が大切です。

お母さんが仕事に行っている時間までどうしてほしいなんて、子どもは要求しません。夕方お迎えに来た後、一緒に過ごす時に、どういう親でいてほしいかの要求はありますが、子どもも朝から晩までそうしてほしいと言っているわけではありません。それに関しては全く大丈夫です。

ところがお母さんが「昼間働いてくたびれているから、もうこれ以上うるさいことは言わないで」と子どもに言うのは問題です。「そんな親に産んでもらいたくなかった」という思いが子どもに生まれてきます。

繰り返しますが、子どもと一緒の時間の過ごし方は「量」よりも「質」が重要なのです。

たしかに、働いていないお母さんに比べて一緒にいる時間は少ないでしょうが、休日もあるでしょうし、夕方帰宅してから夕食を食べ、お風呂に入ってテレビを見たりおしゃべりしたり、ふざけたりして遊ぶことはできるでしょう。この時間の過ごし方を工夫してあげてください。

仕事のストレスは「子育て」で、子育てのストレスは「仕事」で解消！

子どもが小さい時には家にいて、小学校に入学してから勤め出したお母さんに聞きますと、仕事を持つようになってからのほうが、子どもとのつきあい方が充実してきた、と実感する人も多いようです。

家にいた頃はいつでも子どもと一緒にいられるので、その日その時にしてやれることを、「後で」「明日ね」というように一日延ばしにしてしまった。「ダラダラと適当に一日を過ごしてしまって、子どもとよい関係でいたとは思えない」と感じる人もいるのです。

毎日、子どもと一緒にいた時のほうが〝ダラダラ〟として〝適当〟であったという感想は、なかなか示唆に富んでいます。ずっと家にいることで子育てに疲れてしまって、生活にメリハリもなくなり、もっと気分転換をしたかったというお母さんも大勢います。

もちろん、専業主婦のお母さんが全員そうだというわけではありません。よい育児をしている人が多いことは言うまでもありません。

また、かつて自分も働くお母さんに育てられ、今自分も働く母親という人を何人も知っています。ある人は「母が働いていたことで、ひどく悲しい思いやつらい思いをしたという記憶はありません。むしろ尊敬していました。日曜日はうんと遊んでくれました。母はいつも夜に洗濯をしていましたから、洗濯は夜するものだと大人になっても思っていました」と言っていました。

その人はまた、「疲れのせいで、時々八つ当たり的に叱られましたが、すぐに『ごめんなさい』と謝ってくれました」とも語ってくれました。育児や家事に創意工夫が行き届いたお母さんに育てられた例だと思います。

もちろん、自分が子どもの時、お母さんが働いていたために淋しい思いをしたことが多かったという女性も知っています。

しかし、今、自分自身が仕事を持ちながら子育てをしてみると、あの頃の母親はこんな思いをして自分を一生懸命に育ててくれたのだなと、改めて母親を理解することができて、感謝の念で胸がいっぱいになったと感慨深げに語ってくれたことがあります。こういう気持ちが自分の育児への情熱を支えているとも言っていました。

「時間が足りない」を乗り切るために

働くお母さんの悩みの一つは、時間的な余裕が絶対的に不足していることです。まして、上の子が小学生、下の子が保育園児ともなれば、対応に差があるので、困ってしまう場面にしばしば出会うと思います。

今の状況を楽しみながら子育て
私が子どもを保育所に預けて働いていたとき…
プレスリリースの原稿、急ぎで!
たまに残業で9時10時になることも
ニュース
そんなときは二重保育をお願いしていたおばさんが助っ人に…
ハーイ。じゃごはんも食べさせとくね
今日はカレーにしたよ
保育所
そのうえ父母の会活動や会報作りもしていた私
こんどのバザーは…
川あそびたのしかったね
子育てしながらよくやりますよね
後輩↓
私はできそうもないなー
そう?
仕事のストレスは子どもと接することでふっとび…
子育てのストレスはバリバリ働くことでふっとぶよ
そんなもんですか…
そんなもんです!

これもいろいろな事例があると思いますが、たとえば上の子はノンビリ屋さんだから、目をかけてやらないと学校の宿題をいいかげんにしてしまう。ところが上の子の宿題を見てやっていると、下の子はお母さんが上の子の面倒ばかり見ているので嫉妬して駄々をこねる。そのうち、お母さんの奪い合いで兄弟ゲンカが始まります。

よくある兄弟ゲンカ、やきもちは自然なことですから問題視するには及びませんが、お母さんからすればジレンマです。どちらの子どももかわいいのに、両方に手が回らないと思えてしまうのですから。

子どもというのはお母さんが家庭にいないので悲しかったとか、困ったとかいうことはよく覚えています。そこで何を最優先させて、どこを工夫したらよいか、という課題が出てくるわけです。

私は職業柄、たくさんのお母さんとお目にかかる機会がありますので、その中で参考になりそうな例をいくつか紹介してみましょう。

あるお母さんは、食事の後片づけは子どもが寝てからするそうです。起きている時は、子どもとゲームをしたり本を読んだりして、いつでもできることは後回しにすることを生活の基本にしているそうです。

また別のお母さんは、子どもの食べたいものを聞いてから夕食を作るようにしていると言います。そして、その子は包丁を使うのが好きなので、野菜を切ってもらったりしながら、子どもと一緒に食事作りをしているそうです。

どちらのお母さんも、「一緒に」を大切にしているのです。

さらに別のお母さんは、隣に祖父母が住んでいるのですが、一週間に一度はみんなでにぎやかに食事をするように心がけていると言います。

紹介した事例は食事が多いようですが、いずれにしても何をするかということと、どれを優先させて、どれを後回しにするかという知恵が働いていて、すばらしい工夫だと感心しました。

こんな話を伺ったこともあります。その家庭ではとにかく限られた時間内に家事を合理的にすませるために、大型冷蔵庫、電子レンジ、乾燥機、食器洗い機など電気製品をセットしています。

お金をかければすべてが解決するわけではありませんが、生活の工夫や合理化について夫婦でよく話し合いをしており、夕食メニューの宅配やベビーシッターの手配、さらにコンビニエンス・ストアのサービスや休日急患診療所まで、実によく調べて利用しています。

「地域社会の人的・物的資源やサービスを上手に活用する手だてを考えて、今流行の言葉で言えば『コーディネーター』のような働きやセンスが、仕事を持つ母親には有用だと思います。母親だけのがんばりでは、いずれ息切れしてしまいますから、家事、育児、仕事を一人ですべて完璧にこなそうとしないのが、長く仕事を続けるコツのような気がします」と言っていました。

そしてもっとも大切なことは、常日頃から近所に気のおけない仲間や、話し相手を持つことです。困った時にお互いに助け合えるような間柄になっていれば、申し分ありません。気持ちにゆとりのある生活ができます。

それから、これは理想論ですが、子どもが何歳になるまでは週に一度は早退できるというような制度が企業や事務所に取り入れられたら、どんなに素晴らしいかと思っています。

実際、子育て時代はもう少し早く家庭に帰って、帰ってくる子どもに「お帰りなさい」と言ってあげたいと望むお母さんが実に多いのです。

保育者、先生とのコミュニケーションは円滑ですか？

働くお母さんは子どもを保育園や学童保育所に通わせることが多いと思いますが、こんな深刻な例がありました。

その人は、初めは勤務先の近くの園に子どもを預けました。しかし、いずれは小学校に行くのだから近所の友達と一緒のほうがよいだろうと考え、自宅の近くに転園しました。親としては、それなりの配慮をしたわけです。

一年間は何も問題はなかったのですが、四歳の時に受け持ちの先生が替わり、子どもとの相性が合わず、問題が深刻化しました。受け持ちの先生の顔を見ただけで、子どもがひきつけを起こすほどになったというのです。結局、子どもは元の園に戻り、今では元気に園生活を送っています。

本来は、園長先生が子どもと先生の相性を見極めて適切な配慮をしてくれればよかったのですが、園の人事や人間関係などがからんできますから、困難な問題もあるのかもしれません。

学校で同じような問題が起こった場合も、子どもの立場よりも、しばしば校長先生が教職員の立場に立つようなことが見受けられます。

先ほどのお母さんは、ある日、どうしても子どもが園に行かないので、それとなく「うちの子が先生を怖がっているようです」と言いましたら、その先生は子どもを小脇に抱え込んで「私は怖くなんかないよ」と大声でどなったそうです。

まれな例ですが、こういう保育者や先生に出会ったら、子どもも親も悲しいですね。親も日頃から保育者や先生とコミュニケーションを円滑にしていくと共に、子どもの様子を注意深く見守ってあげてください。

お父さんの役割、お母さんの役割

働くお母さんにとって、お父さんの協力は欠かせません。

子どもが大好きで、休日には天気さえよければ必ず二人の娘さんとサイクリングに出かけるお父さんがいます。普段、勤務のある日は朝六時に出勤、夜は遅いので、休日だけが子どもと思い切り接触できる日だと言うのです。日曜日の朝食もお父さんが作りますが、少しも負担に感じないそうです。むしろストレス解消になる、と言っていました。

別の家庭では、お父さんとお母さんの休みを別の曜日に取るようにしているというのです。お母さんは土曜日と日曜日が休日で、お父さんは水曜と木曜という具合です。たまたまご夫婦の仕事の関係でうまく調整ができていますが、親子でいる時間を長くするという点では、これも共働き夫婦における子育てのアイディアでしょう。

もっとも、家族全員で一緒に活動するということでは難点があるようですが、それぞれの家族のあり方があってよいのでしょう。

最近は、家事に非協力な頑固親父は少なくなりましたね。家庭サービスを大切にする、やさしいお父さんが増えているように思えます。

「家の中で一番やさしいのはお父さん」と答える子どももがいたりするほどで、多少とも厳しい〝しつけ〟の主導権は、もっぱらお母さんが握っているという家庭も少なくないようです。

けれども、お母さん達は叱り役はお父さんに戻して、自分はやさしいお母さんでありたいと本音のところでは願っている人も多いようです。

お母さんの〝頑張っている背中〟を子どもは見ています

とにかく、働くお母さんに知っておいてほしいのは、子どもと接する時間が足りないから、子どもがうまく育たないということはないということです。大切なことは、子どもと一緒の時間をどう過ごすかなのです。

具体的には子どもと向かい合っている時に、子どもの望む親である、ということです。ですから基本的には必ずしも時間の長短はそれほど関係がないのです。

親子でいる時間の過ごし方が大切です。

「お母さんは昼間、仕事をしていて忙しいから、疲れているから、あなたの望んでいるようなことはしてやれない」「お母さんがくたびれていることをわかってちょうだい」という態度が子どもに伝わり過ぎてしまったのでは、働くお母さんとしてはやはり問題です。

働いていることを幼い子どもに対する言い訳にしてはいけないと思います。この基本的姿勢を持っていれば、仕事から帰った後の短い時間や休日だけの接触でも大丈夫ですし、子どもにとってたいしてマイナスとはなりません。

神奈川県衛生部の調査で次のようなことがわかりました。病気療養で入院のため子どものそばにいられないお母さんは、決して子育てがへたではない。むしろ、いつもイライラしていたり、隣近所に親しい人がおらず、人づきあいが嫌いなお母さんのほうが育児が嫌いで、へただというのです。

やはり育児時間の長短ではないのです。働いているストレスを子どもにぶつけない、疲れたことを言い訳にしない、イライラを子どもに向けないことが何よりも大事なのです。

5 「お父さん」しかできないことは何でしょうか

〝無気力な子〟が増えている本当の理由

家族よりも仕事が優先だった日本の父親も、最近は少しずつ様子が変わってきて、子育てに積極的に参加しようという人も増えてきているようです。そこで、ここからは「父親の役割」について考えたいと思います。

男女の役割がはっきり分かれていた時代は、父親と母親の役割もはっきりしていました。今は、社会的に男女の役割の差がなくなってきたので、父親、母親の役割も曖昧になっているように思います。

お父さんは外で働き、お母さんが家族を守って育児をするという形は、今でも残っていますし、ごく最近まで、ほとんどの家庭がそうだったような気がします。父親は外の社会へ、母親は家庭の中という役割分担で、長い間バランスがとれていて、家庭も社会も大きな問題がありませんでした。ところが現代は、男女の機能を決める社会的背景が変わってきました。それにつれて、父性と母性の役割がだんだん曖昧になってきたのです。

父性に求められるものとは、「社会的な生き方」の指針や規範を示すことです。善悪の判断、生きるための目標、理想に対する価値観や信条、価値あるものを得るための努力の仕方、それに伴う忍耐を教えたりすることなのです。

また母性の役割とは、愛情の共感的な雰囲気を作り、感情や欲求を上手に受け入れて、家庭の中にやすらぎと平和を作り、人間関係を保っていくことです。

子どもが育つための家庭の中には、調和のとれた「父性的な役割や雰囲気」と「母性的な機能」とが必要です。そして、できれば父性的役割はお父さんが受け持ち、母性的役割をお母さんが受け持つのが自然で一番いいと思っています。

問題は社会的規範を教える機能がなく、安心してくつろぐ雰囲気もないという家庭でしょう。

高度成長を達成し、機械文明化した現代の日本社会は、人間の感性を少しずつ変えていき、父性も母性もなくなりかけているように思えます。極論すると、金銭を得ることのみに関心がある家庭が増えつつあるようです。

生きていく上での指針や価値観も教えられず、憩いの場もないような家庭の子どもは、目標もなければ、やすらぎもありません。混乱し、情緒的に不安定で、いつもイライラし欲求不満を持ちながら生活するでしょう。あるいは何も考えず、無気力にその日を暮らしていくかもしれません。これからそんな子どもがどんどん出てくるようで心配です。

子どもの問題がクローズアップされると、学歴社会が悪いとか、偏差値によって振り分ける受験が悪いなど、いろいろと意見が出てきます。しかし、私は、それ以前に父性と母性の問題があると思います。

お父さんとお母さんの役割が、家庭の中できちんとあるでしょうか。それができなければ両親の機能を整理して、全体としてのバランスをとらなければならないでしょう。

最近は、社会的な生き方の指針をお母さんが教えられるかもしれませんし、掃除や洗濯や食事などの家事をお父さんが分担することもできるでしょう。

しかし、いつの時代でも、一人で両方の機能をこなすことは、むずかしいようです。協力して役割を分担し合っていくという姿勢が必要なのです。

お父さんが〝主導権〟を持ってますか？

アメリカの興味深い研究調査があるので、ご紹介します。

アメリカ、テキサス州ダラスにあるティンバーローン精神医学研究財団の「健康的な家族」に関する研究結果です。

北米の白人中流階級の家庭で、「家族に精神的・社会的に顕著な病的症状や異常行動を示す構成員がいない場合、その家族を健康とする」という基本的な考え方に基づいて、健康的な家族を定義したものです。

その結果によると、「適応性のよい健康な個人」を育てあげるのに必要な家族の性質を説明するにあたり、家族の「パワー構造」と呼ばれる機能を指摘しています。

父親の部分に焦点を合わせてお話しすると、健康的な家族ではパワーに序列があり、父親が一番なのです。

最大の主導権を父親が持ち、二番目が母親で、夫婦がそのことに合意し合っているというものでした。その上で、子ども達との間には明確な精神的な境界があり、必ずしも「子ども中心の家族」ではありません。しかし、子ども達は、自分の意見が黙殺されたり、のけものにされたりすることはなく、家族の決定に加わることもでき、パワーが小さいからと不安を感じたり、両親と競ったりすることもないそうです。

ところが、不健全な家族では、お父さんがパワーを持たず、受動的で、主導的な役割が持てません。したがってパワーの序列が曖昧だというのです。こうした家族ではパワーの組み合わせもいろいろで、主導権を持つのがお父さんと娘であったり、お母さんと男の子であったりします。

特に明らかな精神障害が認められるのは、お母さんと男の子が連合してパワーを発揮しようとする場合です。こうしたケースでは、男の子に深刻な問題があるというのです。

また、家族のみんなが単純に平等に主導権を競い合っている家庭では、六六パーセントの家庭に精神保健上の問題を持った家族がいると報告しています。

「子どもとつきあう時間」は、実はわずかな年数なのです

母親は家事が忙しいために、何から何まで子どもにはつきあいきれないこともあります。オセロゲームをしようとか、トランプをしようとか、とにかく子どもは急にいろいろな要求を出してきます。そんな時、もし休日であれば、この種の要求にはお父さんが応えてあげてほしいと思います。

私の場合ですが、私は子どもの要求はよほどの大事でもないかぎり受け入れています。どんなに忙しい原稿を書いていても、「本将棋をやろう」などと生意気を言いながらやってきたら、一緒に遊んであげます。何回勝負とか、あるいは時間を区切ってつきあってやります。

子どもは、「父親は忙しくても自分の思いを叶えてくれる」と思うようになるでしょう。これは、父親はぜひこうすべきだと言っているのではなく、私はこうしていますという紹介です。

父親はこの種のことは何でも聞いてくれるが、この種のことはすごく怖いというイ

メージをはっきりさせておくと、子どもは安心して父親に対応できます。そうしておけば、父親は平気で叱ることができますし、叱られた子どももショックは受けますが、傷つくことはありません。そして、このように子どもとつきあう時間（期間）は、実は短いわずかな年数なのです。

「適度な競争、思いやり、我慢」の三つの大切な条件

植物が育つのには三つの条件があります。普通であれば、水と太陽の光と栄養を考えると思います。

しかし、広い土地に一本の木を植えて、十分な水と肥料と太陽の光を与えれば、その木はすくすく育つかというと、決してそんなことはありません。

養分を奪い合い、水を奪い合い、隣の木と競争することにより、しっかりした根が張るのです。水や肥料が十分あっても、奪い合う必要がなければ、しっかりした根が張れず、それらをよく吸収しません。

植物でさえ、こうした条件が必要なのですから、人間にはもっと必要です。

私は子どもが育つには適度な競争と、思いやりと、我慢という「三つの条件」が欠かせないと思っています。この条件は、兄弟姉妹が多ければ充足されやすいですが、兄弟姉妹がいなくても、友達など子ども同士の間で体験することが必要です。

お父さんが子どもと遊んだり、どこかへ連れて行く時は、できるだけ他の子ども達を一緒に誘うことを心がけてください。一緒に育てよう、育ち合う環境を作ろうという気持ち、役割を父親が考えることが大切ではないでしょうか。

そして、お父さんとしての役割をしっかり考えてほしいのです。お父さんとお母さんとでは、子どもに対する感情や愛情が違うと思います。

子どもを体内に十カ月も入れて育て、お乳を飲ませてきたお母さんと、お父さんが同じはずがありません。

私の個人的な考えでは、自分は妻（子どもの母親）とは違う、自分は夫（子どもの父親）とは違うという意識や感情を持ったお父さん、お母さんに育てられた子どものほうが幸せだと思っています。

あとがき……「子どもを育てる喜び」をもっと感じてください

「しあわせは　いつもじぶんのこころがきめる」という、相田みつをさんの言葉があります。何を幸福と感じるかは、人それぞれでしょう。

数年前の正月に、作家、僧侶、医師など五人の論客による「幸福論」が『読売新聞』の夕刊に連載されていました。

いずれも優れた文章で感動しましたが、その中に「つらいことや苦しいことを逃れるような生き方をしていては、決して深い感動を伴う喜びに出合うことはできない」という一節がありました。

児童精神科医の立場から深く同感しました。

大きな感動的な喜びは、多くの困難と背中合わせにしか実感できません。

そしてまた、幸福とは結局のところ、誰かを幸福にしながら生きなければ得られないものではないでしょうか。

「子どもを育てる喜び」は、まさにその〝究極〟のものでしょう。

だから、苦しいことやつらいことを回避して生きようとする人に、いい子育てはできません。他者の生命《いのち》が生き生きと輝くことに、共に喜びを感じることができる人でなければ、子どもを健やかに育てることはできません。

今まさに子どもを育てている真っ最中のお母さん、お父さんはもとより、保育園、幼稚園、学校などで、子どもや若者の養育や教育に精励されている人々に、本書を通じてささやかでもメッセージを残すことができたら、私にとって大きな喜びです。

佐々木正美

本書は、新紀元社より刊行された『「お母さんがすき、自分がすき」と言える子に』を、文庫収録にあたり加筆・改筆・再編集のうえ、改題したものです。

佐々木正美（ささき・まさみ）
児童精神科医。一九三五年生まれ。新潟大学医学部卒業後、東京大学で精神医学を学び、ブリティッシュ・コロンビア大学に留学、児童精神医学の臨床訓練を受ける。国立秩父学園、（財）小児療育相談センター勤務の傍ら、東京大学医学部、東京女子医科大学などで講師を務める。現在、川崎医療福祉大学特任教授、ノースカロライナ大学医学部精神科非常勤教授、子育て協会顧問。
　三十年以上にわたって保育園、幼稚園、児童相談所で親や保育士の相談、勉強会に携わり、子ども達の現場を最もよく知る精神科医として親達から厚く信頼されている。
　著書に『子どもへのまなざし』（福音館書店）『育てたように子は育つ』（小学館）など多数。

【子育てセミナー、勉強会、講演会の問い合わせ先】
◎子育て協会 http://www.kosodatekyoukai.com/
◎ぶどうの木　http://www.budouno-ki.net/
◎ファミリーコンサルタント協会
http://www.familyc.net/

知的生きかた文庫

やすらぎ子育《こそだ》てアドバイス

著者　佐々木正美《ささきまさみ》
発行者　押鐘太陽
発行所　株式会社三笠書房
郵便番号一〇二―〇〇七二
東京都千代田区飯田橋三―三―一
電話〇三―五二二六―五七三四〈営業部〉
〇三―五二二六―五七三一〈編集部〉
http://www.mikasashobo.co.jp
印刷　誠宏印刷
製本　若林製本工場

ISBN978-4-8379-7611-0 C0130
落丁・乱丁本は当社にてお取替えいたします。
定価・発行日はカバーに表示してあります。

知的生きかた文庫
わたしの時間シリーズ

“眠っている魅力”が輝きはじめる本!

一週間で女《じぶん》を磨く本

浅野裕子

「自分の魅力に気づく」話題の文庫ベストセラー! あなたが素敵になれば、出会う人が変わる。読むだけで何かが変わる、そんな一週間を実感できます!

なぜか好かれる女性《ひと》50のルール

赤羽建美

本書のルールを知っているだけで、〝イイ女指数〟が10倍アップ! パートナーとはもちろん、会社でも居心地のいい人間関係が築けるヒント、満載!

25歳からの「ベストな自分をつくる」時間割

井上和子

25歳からの「大きなチャンス」に気づいていますか——聡明に生きる女性の知的生活術から、美しく健康になる食べ方まで、夢実現のための〝企画書〟。

〝かわいい女〟のちょっとした気の使い方63

山田桂子

好感を持たれる人になるにはどうしたらいいの? 相手の心の琴線にふれる「ちょっとした気遣い」ができるようになるヒントが満載の本!

C40004

知的生きかた文庫

注目の海外ロング・ベストセラー

男と女の心が底まで見える心理学

B・アンジェリス
加藤諦三 訳

つきあっている人と思ったようにうまくいかずに悩んだり、自分が本当にしたいことを犠牲にしているあなたに、愛と性についての男と女の間の誤解やスレ違いを解き明かし、会話からセックスまで、コミュニケーションの方法を具体的にアドバイス。

愛が深まる本

J・グレイ
大島 渚 訳

男は、そして女は何を望んでいるのか——全米で四八〇万部突破、グレイ博士のベストセラー！
＊なぜ〝こんなこと〟がタブーなの？
＊男はこんな「おねだり」がうれしい……この「安心感」があるから、もっと情熱的になれる！

ベスト・パートナーになるために

J・グレイ
大島 渚 訳

「男は火星から、女は金星からやってきた」のキャッチフレーズで世界的大ベストセラー！

「パートナーの本当の気持ちがわかり、〝二人のもっといい関係づくり〟の秘訣を何もかも教えてくれる究極の本です」（推薦・中山庸子）